はじめに

木口　一二三

冬から早春の花として、クリスマスローズが依然高い人気を誇っていることは喜ばしい限りです。一方、それにつれてクリスマスローズ栽培の手引き書も数多く出版され、原種、交配種とその花の妖艶な魅力があますところなく紹介されています。また、栽培についてもほとんど語り尽くされたと思っていましたが、このたび地元新潟の生産地で、にわかにクリスマスローズの本を出そうという機運が高まり、私にその監修と一部執筆が託されました。

そこで私はこの本で、新潟産のクリスマスローズがいかに丁寧に作られているか、品質が優れているかを紹介したいと考えました。いわば、生産者側から見たクリスマスローズ作りの楽しみや苦しみ、希望や悩みなどを記事にすることで、ひと味異なる手引き書を目指したわけです。

本書では生産者の方々からそれぞれの思いを語っていただくとともに、栽培法や土の問題、水のやり方、花の改良などについてプロならではの視点で解説しました。

良質な新潟産クリスマスローズをよりよく育て、素晴らしい花を咲かせて読者の皆様から楽しんでいただきたい。それが、本書制作に携わった私たちの願いです。

CONTENTS

プロから学ぶクリスマスローズ

木口二三 と 新潟のトップナーセリー

●はじめに —— 3

第1章
ようこそクリスマスローズの世界へ

●新潟のクリスマスローズ —— 8
●クリスマスローズの株と花のつくり —— 10
●ヘレボルス属原種の紹介 —— 12
●クリスマスローズのバリエーション「花の咲き方」 —— 18
●クリスマスローズのバリエーション「花の模様」 —— 25

第2章
育てよう自分だけのクリスマスローズ

●新潟を基準としたクリスマスローズ栽培暦 —— 42
●トップナーセリー直伝 栽培12カ月 —— 44
●インタビュー 木口二三さん —— 56
●新しい花を求めて —— 62
●クリスマスローズの楽しみ方 —— 66

第3章
雪国からの贈り物 新潟発クリスマスローズ

●クリスマスローズに魅せられて… —— 74
●新潟のクリスマスローズナーセリー —— 76

第1章

ようこそクリスマス

ローズの世界へ

- 新潟のクリスマスローズ
- クリスマスローズの株と花のつくり
- ヘレボルス属原種の紹介
- クリスマスローズのバリエーション

新潟のクリスマスローズ

クリスマスローズ。なんと美しい名前でしょう。名前に引かれて興味を持った人も多いのではないでしょうか。ローズと言ってもバラではありません。実はキンポウゲ科の仲間、ヘレボルス属のガーデンハイブリッドの愛称なのです。花が少なくなる冬から早春にかけて咲くクリスマスローズ。イギリスでクリスマスの頃にバラのような花姿で咲くことから、このような愛称がつけられたようです。

◆ ◆ ◆

日本にクリスマスローズが紹介されたのは明治初頭。当時は花の形も色合いも地味で、しばらくは園芸種としての評価は低かったようです。ところが近年イギリスで品種改良が進み、丈夫で育てやすい品種が生ま

れてきました。花の色合いや形も豊富になり、うつむき加減に咲く姿は、日本人好みの花として日本でも注目されるようになりました。

◆◆◆

クリスマスローズの自生地はイギリスやヨーロッパ中部から地中海沿岸地方、バルカン半島、小アジア、中国と広範囲に及んでいます。主に地中海性気候の乾燥地域をふるさとに持つクリスマスローズですが、実は日本では新潟市がクリスマスローズの大生産地なのです。1994年にイギリスで株を入手して以来、小合《こあい》地区の花卉《かき》栽培農家が中心となって独自に研究開発を進めてきました。クリスマスローズの自生地とは異なる高温多湿の風土の中で、失敗を繰り返しながらも粘り強く栽培に取り組み、これまでに多くの品種を創り出してきました。今では全国に新潟のクリスマスローズを送り届けています。

◆◆◆

控えめに咲くその姿はまさに「冬の貴婦人」。静かに確実に日本に根を張るクリスマスローズは愛好家だけでなく、一般にも広がりを見せています。新潟のクリスマスローズは、これからもかれんに美しく冬の庭の主役として彩りを添えていくことでしょう。

クリスマスローズの
株と花のつくり

有茎種と無茎種

クリスマスローズは大きく「原種」と「交配種」に分けられますが、さらにその株姿から「有茎種」と「無茎種」に大別されます。

有茎種は1本の茎（ステム）に葉と花がつきます。根茎から茎が伸びて小葉を展開し、花は苞葉から伸びた軸の先端につきます。

一方の無茎種は根茎から葉柄と花柄が別々に伸びます。葉柄は小葉となる茎で、花柄は花を咲かせる茎です。花は花柄先端の苞葉部で分岐する小花柄の先につきます。

有茎種は一般的に常緑性ですが、無茎種には常緑性のものと落葉性のものがあります。市販の交配種の株は無茎種のものが多いようです。

▶有茎種の一つ「ヘレボルス・アーグチフォリウス」。種小名の意味は「鋭い鋸歯を持つ葉」でヒイラギに似た葉が特徴。1本の花茎に30輪もの花をつけます

原種20種の大別

有茎種	H.アーグチフォリウス	無茎種	H.アブルジクス	H.デュメトルム	H.オリエンタリス
	H.フェチダス		H.アトロルーベンス	H.リグリクス	H.プルプラスケンス
	H.リヴィダス		H.ボッコネイ	H.ムルチフィダス	H.チベタヌス
	H.ニガー		H.クロアチクス	H.オクキデンタリス	H.トルクァトス
	H.ウェシカリウス		H.シクロフィルス	H.オドルス	H.ウィリデス

※「H」は属名の「Helleborus」を表します。
※「H.ニゲル」「H.ウェシカリウス」は無茎種に近い特徴を持っていますが、遺伝子的には有茎種に近いと考えられています。

花の構造

クリスマスローズで花弁（花びら）のように見えている部分はガク片です。ガク片が進化して花弁のようになる一方で、本来の花弁は退化して蜜腺（ネクタリー）となりました。

ひと花にガク片は通常5枚ありますが、そのうち2枚が外側、2枚が内側で、残る1枚は片方が内側、もう片方が外側と重なり合っています。

花の中心部には雌しべがあり、その周りを雄しべが囲んでいます。この雄しべがほころびかけ、花粉が出る直前がクリスマスローズの花の見ごろとなります。

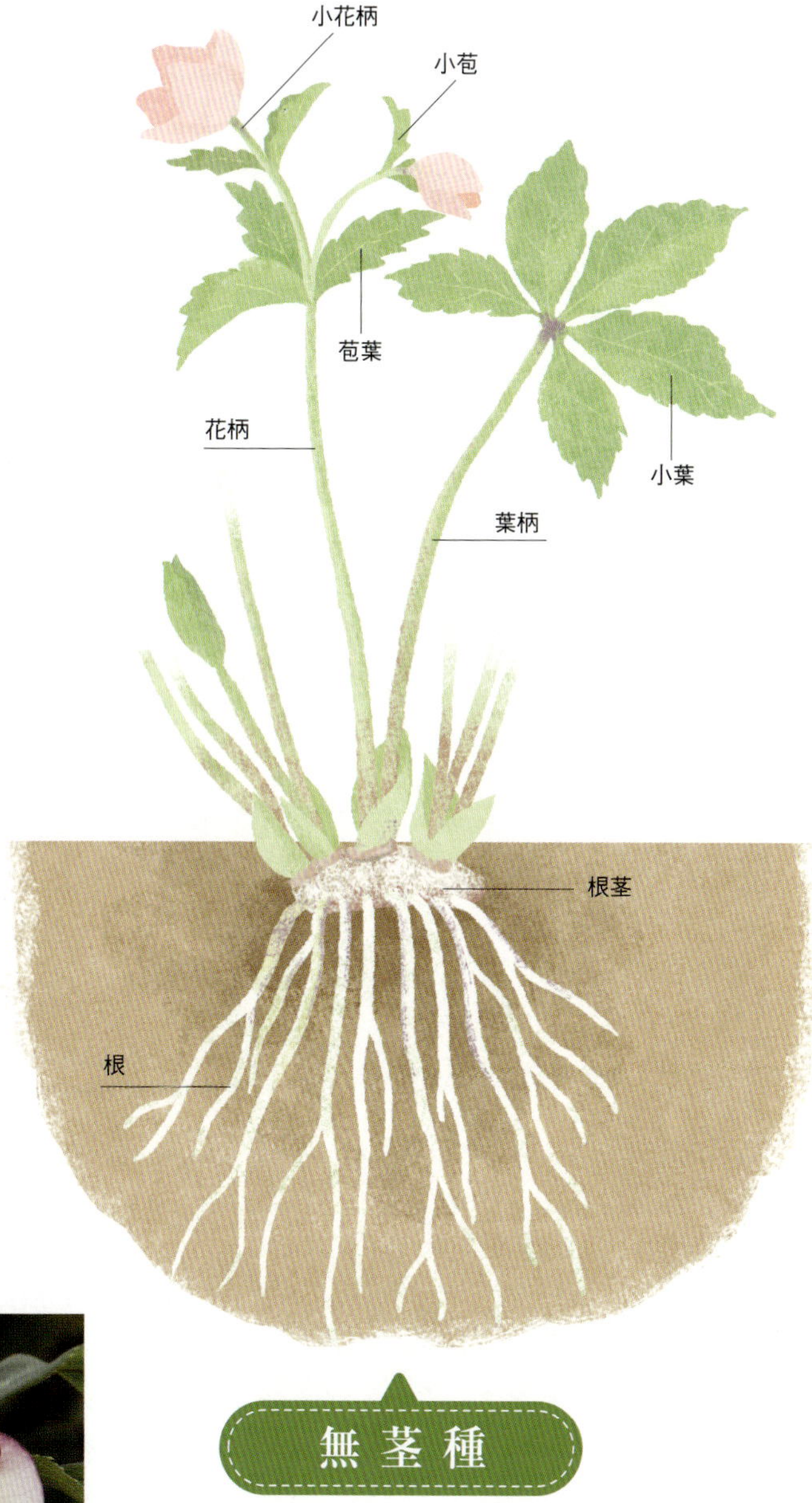

▲蜜腺の色が黒、紫、赤紫といった暗色系のものを「ダークネクタリー」と呼びます。花色とのコントラストが美しく人気があります

▲花びらに見えるのは実はガク片。5枚のガク片の並び方に注目

ヘレボルス属
原種の紹介

写真提供／野々口 稔

ヘレボルス属とは、
キンポウゲ科の一属で、クリスマスローズは
本来この属の中の一種であるニゲルを指しますが、
日本では混同されて全体の呼称とされています。
ここではその原種20種について説明します。

アトロルーベンス
H.atrorubens

■原生地／ユーゴ北部、スロベニア、クロアチア
■草丈／30〜50センチ
■花色花茎／緑に赤みを帯びた丸型花

アブルジクス
H.abruzzicus

■原生地／イタリア　■草丈／45〜50センチ
■花色花茎／緑色、4〜5センチ
■特色／2006年に新しく分類される。葉は細く切れ込み、70〜200くらいまで分かれる。種名はイタリアの地名アブルツツイに由来

ボッコネイ
H.bocconei

■原生地／イタリア、シチリア島
■草丈／25〜35センチ

アーグチフォリウス（コルシクス）
H.argutifolius

■原生地／コルシカ島、サルデニア島
■草丈／茎立ち種で高さ1.2メートルくらいまで
■花色花茎／緑花
■特色／丈夫で作りやすい

デュメトルム
H.dumetorum

■原生地／クロアチア、スロベニア、南部ハンガリー、ルーマニア、黒海辺りまで
■草丈／20センチ内外の小型種
■花色ほか／小輪だが柔らかい感じのよい抱え咲きの緑花。草質の柔らかい茎葉は、ほぼ夏中に枯れて地上部はなくなる

クロアチクス
H.croaticus

■原生地／クロアチア　■草丈／10～25センチ
■花色／花弁裏側紫色、表側緑色地に紫が入る。ほかに紫、紅紫、緑色

フェチダス
H.foetidus

■原生地／イタリアから西ヨーロッパ全域
■草姿、花／茎立ち性、シュロ竹のような大きな切れ込みの葉。花は小輪、壷状の抱え咲き。緑単色または緑に紅紫の縁取り、多花。
（注意:本種は採種時に素手で触っていると、毒性の汁が皮膚を浸透して炎症を起こすことがあるので特記する）

シクロフィルス
H.cyclophyllus

■原生地／マケドニア、ギリシャ北部など
■草丈／45～50センチ
■花色ほか／クリームがかる緑、香りもあり。大葉、鋸歯判然とせず。

ムルチフィダス
H.multifidus

■原生地／イタリア～旧ユーゴスラビア
■草姿、花／割と細く深い切れ込みの葉で、変種にムルチフィダス、ヘルツェゴビナス、イストリアクスの3種がある。花はグリーン系で遅咲き

リグリクス
H.liguricus

■原生地／イタリア　■草丈／30センチ
■草姿、花／薄緑、白、有香、常緑。暮れ咲き性があり、11月中旬から2月頃まで開花

ニガー（他にニゲル、ノイガーなどとも呼ばれる）
H.niger

■原生地／ユーゴスラビア、オーストリア、ドイツ、北イタリア
■花色／白、薄いピンクがかるものもあり、咲き進むと移り紅になるものが多い。本種が本当にクリスマスローズと呼ばれている種類で、ほかの種類は本来クリスマスローズとはいわない

リヴィダス
H.lividus

■原生地／地中海のマジョルカ島
■草丈／30センチ内外
■草姿、花／少々赤みを帯びたやや小柄な草姿で、葉に地模様が入る。花弁の内側は淡い緑色で外側はピンク～紅紫。夏は暑がり、冬はやや寒がる。

オリエンタリス
H.orientalis

■原生地／黒海南縁、グルジア、ウクライナ
■草丈／35～50センチ
■花色ほか／交配種の親となった優れた原種で良個体が多い

オクキデンタリス
H.occidentalis

■原生地／ドイツ、ベルギー、フランス、スペイン
■草丈／20～40センチ　■花色／粉白を帯びた緑色。小輪

プルプラスケンス
H.purpurascens

■原生地／ポーランド、ハンガリー、ルーマニア、モルドバなど
■花色ほか／学名が示すとおり紫色の濃淡および緑などとのバイカラー。強健。

オドルス
H.odorus

■原生地／ブルガリア北部からスロベニア、ハンガリーにかけて
■草丈／40センチ内外
■花色ほか／緑色系。学名が香りを意味するとおり、佳香を有する種で個体によって香りの強弱好悪があり、有香育種の材料に面白い。強健

ウェシカリウス
H.vesicarius

■原生地／南トルコ、シリア　■草丈／20～40センチ
■花と特性／花は紫褐色に緑の覆輪、ツボ状の抱え咲き、花径1.5～2センチ、アネモネ様の葉。乾期に適応すつため紡錘根を持ち、休眠期の多湿を嫌う。夏休眠。

チベタヌス
H.thibetanus

■原生地／中国四川省、湖北省、陝西省、甘粛省
（120年ぶりの再発見は四川省宝興県）
■花色ほか／白～ピンク、花径3～6センチ。夏期休眠すると地上部は枯れる。草丈は40センチ内外

1869年、フランス人宣教師アルマン・ダヴィッドが発見してから120年余も幻の植物として現物不明のま
あった。これを日本人植物学者の荻巣樹徳氏が苦労の末、1989年に再発見された記念すべき原種。また、
のヘレボルスがトルコ以西の分布である中で、ただ一種隔離分布で中国に自生していた点も珍しいことで

ウィリデス
H.virides

■原生地／西ヨーロッパの広域（スイス、フランス、イタリアなど）
■花と特性／花色はグリーン系、常緑に近い落葉性。林縁や牧草地などに自生し、強健

トルクァトス
H.torquatus

■原生地／ボスニア・ヘルツェゴビナ、セルビア、クロアチア、モンテネグロ
■草丈／30～40センチ
■花色ほか／花色は内側緑、外側紫のほか、変異が非常に多く多彩であることが近年の現地踏査で分かってきた。

夏はやや暑がり、実生苗の成株への年数は4～5年を要す。八重咲き変種Didoダイドウ（エリザベス・ストラ
マン発見）をロビンホワイトが交配に生かし、パーティードレスが生まれた。

クリスマスローズのバリエーション「花の咲き方」

端正な「シングル」、
かれんな「セミダブル」、
豪華な「ダブル」—。
咲き方ひとつで花の印象は
がらりと変わります。

花の開き方

【カップ咲き】
花の雄しべが展開し、
葯が落ちていない満開の時点で、
花弁が「杯状」になっているものを
「カップ咲き」と呼びます。

【平咲き】
満開時に花弁が水平近くまで開きます。

花弁の形

【丸弁】
花弁の縁が丸いタイプ。
幅広の花弁が重なり合って、
花全体が丸に近い形に見えます。

【剣弁】
花弁の縁がとがっているタイプです。

花弁の数

【シングル】
一重咲き。
花弁（花びら）に見えるのはガク片で、
5枚のものを「シングル」と呼びます。

【セミダブル】
半八重咲き。
アネモネ咲きや唐子咲きとも呼びます。
蜜腺が弁化して筒状や花びら状の
小花弁となっています。

【ダブル】
八重咲き。ガク片が多弁化したもの（蜜腺あり）と
蜜腺が完全に弁化したものと2種類あります。

シングル【Single】
…花弁（ガク片）の数が５枚の一重咲きの花です。

クリスマスローズのバリエーション
「花の咲き方」

Single
〔シングル〕

丸弁の大きな花弁が美しいシングル。覆輪気味にピンクがうっすらと混じっています。シンプルで誰からも好かれる花です

A 丸弁とは全く違った雰囲気の剣弁のシングル。花の形、花の模様と一つとして同じ花がないのがクリスマスローズの魅力。

B カップ咲きのシングル。平咲きにはない、丸くこぢんまりと咲く姿がかわいらしい。

シングルの魅力は花弁と蜜腺（ネクタリー）とのコントラスト。暗色系の「ダークネクタリー」も素敵ですが、パープルやブラックの花弁に明るいグリーンのネクタリーも目を引きます

Semi double
〔セミダブル〕

セミダブル【Semi double】
…半八重咲きのタイプ。小花弁は
蜜腺が弁化したものです。

E

F

A ピンクの覆輪がかわいらしいセミダブル。筒状の小花弁もピコティーになっています。

B 花弁も小花弁もすべてがグリーン。すがすがしい印象を与えます。

C 淡いピンクが美しい剣弁のセミダブル。まるで桜の花のようです。小花弁が発達して花びらのように見えます。

D 立ち姿が美しいセミダブルのホワイトピコティー。小花弁がフリル状に発達し、清らかでありながら豪華です。

E ボリューム感たっぷり、豪華で鮮やかなイエローのセミダブル。花の中心部はオレンジを帯び、ピコティーとスポットが入っています。

F イエローからグリーンへ、小花弁の色の変化が美しいホワイトのセミダブル。

クリスマスローズの
バリエーション
「花の咲き方」

Double
〔ダブル〕

ダブル【Double】…八重咲き。
蜜腺が完全に弁化したものと、ガク片が多弁化したものがあります。

色を出すのが難しいといわれるレッドのダブル。「ローズ」の名に恥じない貴婦人のような趣です

A

B

D

C

アクセントとして庭に加えてみたいブラック系。こちらはやや赤みを帯びたシックな色合い。形の良いカップ咲きのダブルです

A グリーンとクリームの花弁に、濃いピンクの模様がアクセントとして入っています。いろいろな要素を盛り込んだ個性的な花です。

B そっと手に取りたくなるような優しげなピンクのピコティー。花弁の形もそろい、均整のとれた見事なダブルです。

C 落ち着いた印象を与えるワインレッドのダブル。大きな花弁が幾重にも重なってボリューム感たっぷり。

D ほかの色が全く混じらないグリーンのダブル。繊細な花びらの重なり具合も見事です。ワイルドなイメージを与えるグリーン系にあって、凛とした気品を感じさせるクリスマスローズです。

E 目を奪う鮮やかなピンクの縁取りに、小さなスポットがかわいらしさを演出。かれんな印象を与える美しいダブルです。

F いよいよ開花。どんな表情を見せてくれるか楽しみなダブル・アプリコット。

G 薄いピンクに濃いピンクのピコティー、淡いグリーンも入ったバイカラーのダブル。花弁の縁が波打って独特の雰囲気を醸し出しています。

H 華やかなピンクが際立った存在感を示しています。外側に向かって濃くなっていくグラデーションも見事。ベインの色が抜けてアクセントになっています。

I 異彩を放つ変わり咲きのダブル。ピンクとグリーンのバイカラーにエンジのスポットが入っています。こんな花が咲いたらビックリ！

J 淡いピンクと細長い花弁がきゃしゃな印象を与えるダブル。

K わずかにクリームを帯びた優しい花色。一枚一枚の花びらはもちろん、花全体の形も整っており、誰からも好かれそうなダブルです。

クリスマスローズのバリエーション
「花の模様」

一鉢一鉢異なる表情。
二つと同じ花はありません。
運命の出合いこそ
「クリスマスローズ」の魅力です。

【ピコティー】
ピコティーとは「覆輪」のこと。
花弁の縁に沿って花弁と異なる色が入ります。
この覆輪が糸状に入っているものを
「糸ピコ」と呼びます。

【スポット】
花弁に赤や紫などの小さな斑点が入るタイプ。
斑点の入り方も密に入ったり、まばらに入ったり
千差万別です。
スポットなどの模様が入らず無地のものを
「ノンスポット」と呼びます。

【バイカラー】
花弁の色が2色混ざり合っているタイプです。
1枚の花弁の中で色が変化するもの、
1枚おきに色が違うもの、花弁の裏と表で
色が異なるもの（リバーシブル）があります。

【フラッシュ】
花弁の中心から外に向かって
「星形」に密にスポットが入るタイプ。
星状に広がらず、蜜腺（ネクタリー）の周辺部だけに
スポットが入ったものを「アイ」と呼びます。

【ブロッチ】
ブロッチとは「染み」のこと。
大きめの斑点が密に重なり模様をつくります。
密度の違いによって大きく印象が変わります。

【ダークネクタリー】
蜜腺の色が黒や茶、紫など暗色系のもの。
花弁とのコントラストが楽しめます。
花弁が黄色で蜜腺が濃い黄色（ゴールドネクタリー）
のものを「ゴールド」と呼びます。

【ベイン】
ベインとは「血管・葉脈」のこと。
花弁の中心から外に向かって脈状の模様が入ります。
「スポット」と「ベイン」が組み合わさって
網目状に見えるものを「ネット」と呼びます。

【ミスト】
新潟の育種家たちの間では
ポピュラーな呼び名です。
スポットの一系統で、花弁全体に
細かなスポットが霧状に入っています。

クリスマスローズの
バリエーション
「花の模様」

Spot
〔スポット〕

スポット【Spot】
…花弁（ガク片）に赤や紫などの
小さな斑点が入ります。

C

A

B

E

D

A グリーンのシングル。丸弁で花形が整っていて美しい。脈に沿うように入った赤いスポットが特徴で、ブロッチに近い印象を与えます。

B ボリューム感あふれる華やかなイエローのダブル。スポットは花の中心部に控えめですが、花弁が端正にそろっている良花です。

C これぞ「スポット」といったピンクのダブル。赤紫のスポットがバランスよく花弁にまとまっています。

D 赤紫のスポットの入り方が絶妙。かわいらしいクリーム色のセミダブル。小花弁にはスポットが入らず、花の中心部は淡いグリーンになっています。

E グリーンのダブル。花弁がしっかりとまとまった良花。赤紫のスポットがアクセントになって、きりっとしまった印象を与えます。

F ダブル・ホワイト・ピコティー。花弁の縁に淡いピンクの覆輪が入り、清らかかつ華やかなイメージ。中心部の淡いグリーンとわずかに入ったスポットが絶妙なアクセントになっています。

クリスマスローズの
バリエーション
「花の模様」

Flush
〔フラッシュ〕

フラッシュ【Flush】…花弁の中心から外に向かって「星形」に密にスポットが入ります。

シングル・アプリコット・フラッシュ。大きく広がった見事な丸弁が美しい。ダークネクタリーとフラッシュがアプリコットの柔らかな色合いを引き締めてシックな装いに

A

B

C

シングル・グリーン・フラッシュ。鮮やかなグリーンの花弁に、赤紫のフラッシュが映えています。フラッシュの形も星形で際立っています

A鮮やかなイエローが目を引くシングル・フラッシュ・ダークネクタリー。カップ咲きで均整がとれた美しい花です。

B形の良い丸弁のシングル。紫のネクタリーを囲むように、円状に同色のフラッシュが入っています。

C濃いピンクのシングル・フラッシュ・ダークネクタリー。花弁の脈に沿ってフラッシュの模様が強く出ています。

Dイエロー・シングルの剣弁花。濃い紫のネクタリーとフラッシュがしっかりと出ています。力強く、見る人に元気を与えてくれそうな花です。

Eシングル・ホワイト・フラッシュ。濃い紫のネクタリーが印象的です。花の中心部に淡いグリーンが残っており、フラッシュ&ダークネクタリーと相まって、絶妙な色合いを作り出しています。

F色鮮やかな濃いピンクのフラッシュ・ダークネクタリー。星形にくっきりと浮かんだフラッシュが、華やかさの中に落ち着いた印象を与えています。

クリスマスローズの
バリエーション
「花の模様」

Blotch
〔ブロッチ〕

ブロッチ【Blotch】…ブロッチとは「染み」のこと。大きめの斑点が密に重なり模様を作ります。

D

A

B

C

A シングル・ホワイト・ブロッチ。中心にややグリーンを帯びた剣弁花です。大きな赤茶色のブロッチが入って存在感が抜群です。

B グリーンのブロッチ。シングルの丸弁花で、花弁の大部分にブロッチが広がっています。やや斑点の入りにすき間が見られるタイプです。

C ダブルのイエロー・ブロッチ。はっきりとしたブロッチではありませんが、小花弁に広がる紫の模様が目を引きます。

D きれいな丸弁のシングル・イエロー・ブロッチ。ほかの写真と比べると模様の入り方が控えめですが、バランスが非常に良く、かわいらしい印象を与えます。

ミスト【Mist】…スポットの一系統。花弁全体に霧状の細かなスポットが入っています。

クリスマスローズのバリエーション
「花の模様」
Mist
〔ミスト〕

丸くてかわいらしいシングル・ピンク・ミスト。花弁全体にまんべんなく霧状の小さなスポットが入っています

A 剣弁のシングル。クリーム色のネクタリーが愛らしい花です。ピンク地の花弁の縁だけを除いてミストが入っています。

B シングルのピンク・ミスト。花弁の裏はホワイトが強く出ており、表のミストとの対比がユニーク。ベインも発達しておりネット状になっています。

C 優しげな淡いピンクのセミダブル。花の中央部や小花弁はクリーム色に近く、小花弁にもしっかりとミストが入っています。

D イギリスのアシュウッド・ナーセリー産のセミダブル。ボリューム感あふれる小花弁にビックリ。こちらの花も小花弁に鮮やかなミストが入っています。

クリスマスローズのバリエーション「花の模様」

Vein

〔ベイン〕

ベイン【Vein】…ベインとは「血管・葉脈」のこと。花弁に脈状の模様が入ります。

丸弁、カップ咲きのシングル。表がピンク、裏が白のリバーシブルで、花弁全体にベインがしっかりと入っています

A

B

C

D

E

薄いピンクのシングル・ベイン・ダークネクタリー。赤紫のベインが発達するのとあわせ、花の中心部にくっきりとフラッシュが浮かび上がっています

A華やかなピンク色がパッと目を引く美しいダブル。中心部の小さな花弁に濃いピンクのベインが入り、大きな花弁には細かなスポットも入っています。

B一枚一枚の花弁が大きく、ボリューム感のある豪華なダブル。すべての花弁にベインがバランスよく入り、濃いピンクと淡いピンクの対比が絶妙です。

C赤紫に近いピンクのセミダブル。ベインとあわせてフラッシュの要素も強く出ています。花弁に薄っすらとグリーンが残っており、大人びた独特の雰囲気。

Dイギリスから導入したピーチアプリコットのクリスマスローズ。剣弁のシングルで、ダークネクタリーではなく、花弁と同色系のネクタリーとなっています。赤いフラッシュからベインへと変化し模様が広がっています。

Eパープルグレイのシングル。鮮やかなライトグリーンのネクタリーが花全体を引き締めるシックな花。花弁と同系色のベインとともにスポットも広がり、ネット状になっています。

クリスマスローズの
バリエーション
「花の模様」

Picotee

〔ピコティー〕

ピコティー【Picotee】…
ピコティーとは「覆輪」のこと。花弁の縁に沿って色が入ります。

ダブル・ホワイト・ピコティー。花弁の縁を濃いピンクが彩っています。柔らかなグラデーションが美しく、誰からも愛される花です

A

B

A大輪のシングル。波打った花弁に糸状のピコティーが入った「糸ピコ」です。中心部の淡いグリーンとダークネクタリーの組み合わせが美しく、大人びた雰囲気を出しています。

B剣弁のカップ咲き、セミダブルの糸ピコ。小花弁にもきっちり入った濃いピンクの糸ピコが、花弁の形と相まってシャープな印象を与えます。

Cフリルのような豪華な花弁が印象的なダブル。透き通るような真っ白な花弁を濃いピンクが縁取っています。花の中心部にかすかに入ったスポットも素敵です。

D丸弁の大きな花弁が目を引きます。花形が整った素晴らしいダブル。密に重なった花弁に紫の糸ピコが映えます。

E

G

F

Picotee
〔ピコティー〕

I

J

H

E 存在感抜群のイエローのダブル。紫のピコティーが入った花弁は、中心部に行くにしたがってグリーンへと変わっていきます。幾重もの色の重なりが独特の味わいを生んでいます。

F 緩やかに波打つ花弁が密に重なったグリーンのダブル。紫のピコティーとまばらに入ったスポットが妖艶な雰囲気を醸し出しています。

G 原種を彷彿させる野趣あふれるグリーンの花。その中でひときわ異彩を放つパープルのピコティー。花弁の形が整い、美しく重なり合ったダブルの花です。

H 紫のピコティーが幅広く入ったダブル。ふわりと重なった繊細な花弁が美しい。脈にも色が入ることで、かすれた独特の色合いをつくっています。

I 優しげなイエローに鮮やかなピンク。思わず手に取りたくなる愛らしいダブル・イエロー・ピコティーです。花の中心部には濃いピンクのスポットも入っています。

J 花が開いた瞬間、びっくり。レッドのリバースピコティー。赤い花弁の縁だけがピンクになっています。

クリスマスローズの
バリエーション
「花の模様」

Bicolor
〔バイカラー〕

バイカラー【Bicolor】…花弁の色が2色混ざり合っているもの。リバーシブルタイプもあります。

C

A

B

E

D

花弁の表が濃いピンク、裏がホワイトの「リバーシブル」。花の中心部は淡いグリーンで、複雑な色の重なりが楽しめます

A 外側の大きな花弁にスポットが入ったグレープとホワイトのバイカラー。花弁のまとまりが美しいかれんなダブルの花です。

B「ちょっと変わった花が好き」。そういった方にお勧めしたいシックなバイカラー。大きなパープルの丸弁にグリーンが混ざっています。

C 丸い大きな花弁が印象的。花形が整った素晴らしいシングル。濃いピンクに鮮やかなグリーンが混じっています。ダークネクタリーが花の美しさを一層引き立てています。

D つぼみはかわいいピンク色。花が開くと鮮やかなイエロー。表も裏も元気いっぱい、明るい色のリバーシブルです。

E 花弁の裏は薄いパープル。表のグリーンとの組み合わせが妖艶な雰囲気のシングル。

F こんな花が咲いたらビックリ。鮮やかなピンクとホワイトのダブル・バイカラー。花全体に小さなミスト状のスポットがちりばめられ、さまざまな要素を楽しめる花になっています。

G 幾重にも重なった花弁が美しいダブルのバイカラー。裏のグレープ色が鮮やかなリバーシブルです。

第2章

育てよう 自分だけの

クリスマスローズ

●新潟を基準としたクリスマスローズ栽培暦
●トップナーセリー直伝　栽培12カ月
●インタビュー　木口二三三さん
●新しい花を求めて
●クリスマスローズの楽しみ方

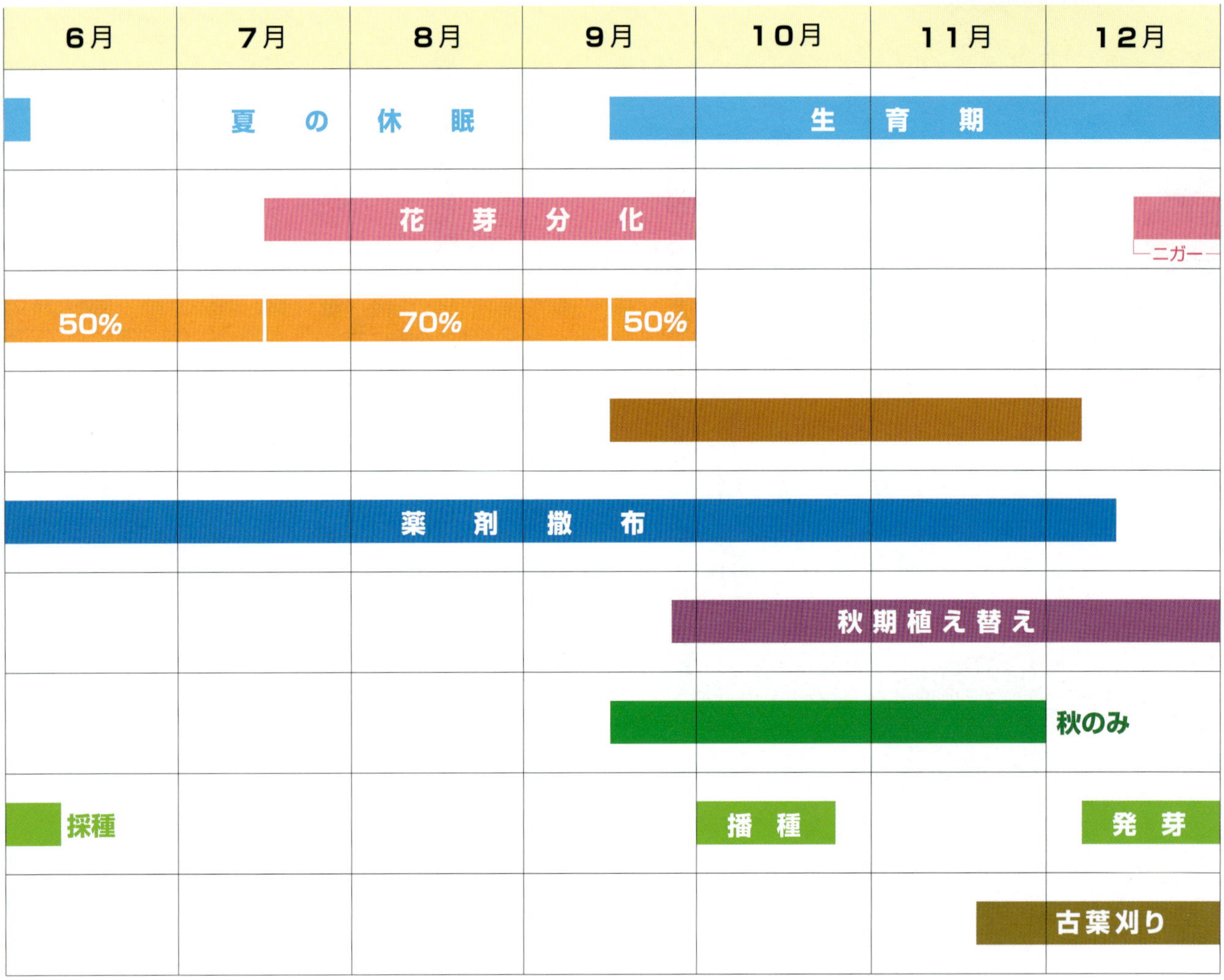

撒布薬剤

殺菌剤は銅剤を梅雨期から夏に、ほかはダコニール、
ベンレート、オーソサイド、ダイマジン など
殺虫剤—カルホス乳剤・スミチオン・オルトラン など
殺ダニ剤—バロック・脱皮阻害剤カスケード など

撒布回数

3、4、5、6、7、8、9、10月は1カ月2～3回
11、12、2月殺菌剤のみ1回ずつ

新潟を基準としたクリスマスローズ栽培暦

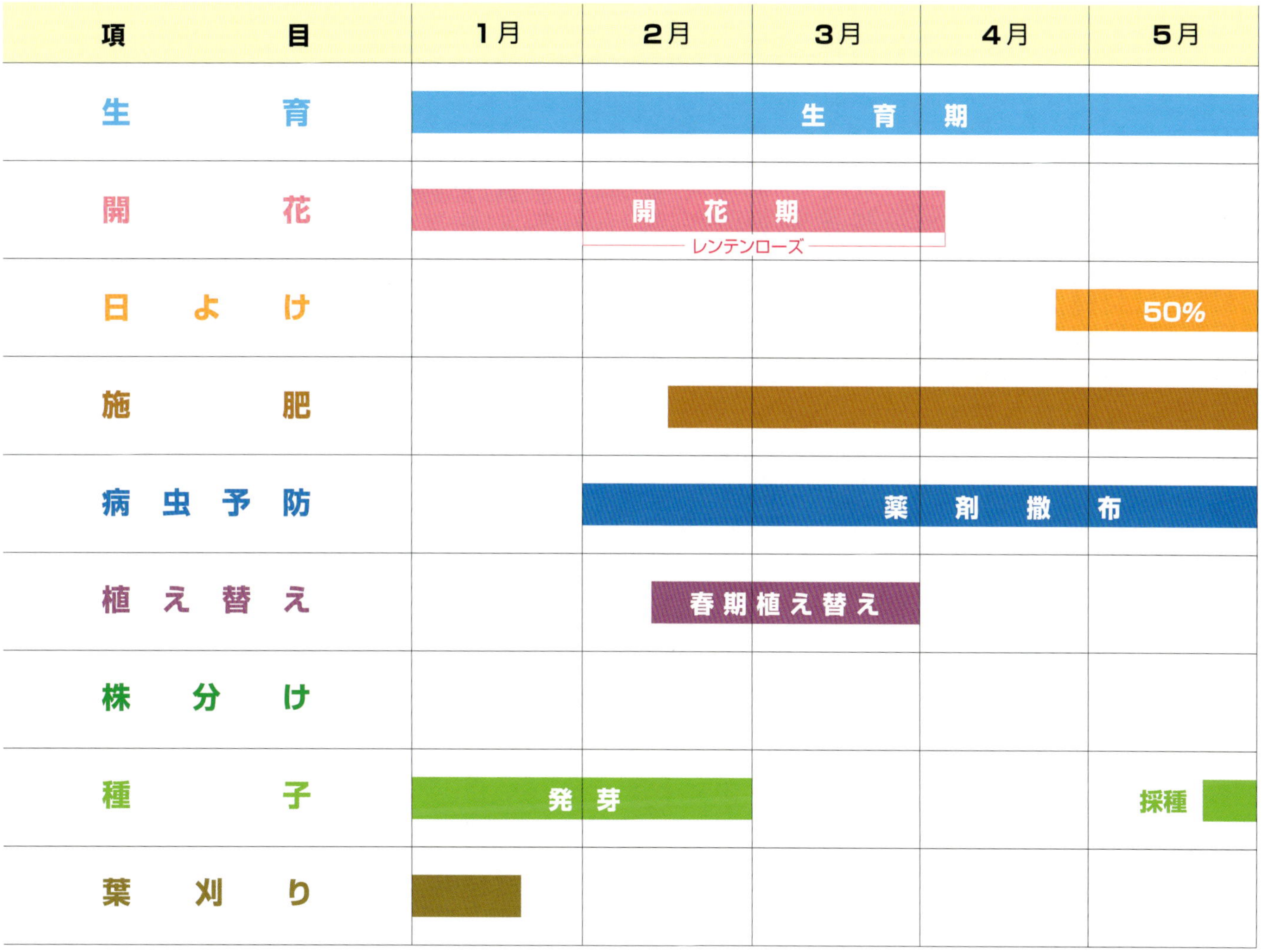

ワンポイントアドバイス

肥料は

油粕3：骨粉1　の割合で混合した置き肥と
窒素控えめの液肥1,000倍液

化学肥料は虫もミミズも発生せず、においもないので隣近所が立て込んでいるような環境であればやむを得ませんが、本来の植物の健全な成長を考えると、油かすや堆肥のような天然有機物が一番です。

追記すれば、有機質肥料は化学肥料に比べて価格は高めです。そして速効性ではありません。これは微生物によって分解されて初めて効くので、それだけの時間がかかるわけです。しかし、何よりも植物が健全に育ち、生体の肉付きが異なり、花色や艶が違います。

トマトやイチゴのような果菜類の場合、味の違いに驚かされます。ヘレボルス類は野菜ではありませんが、**本当の花の美を求めるなら、有機質の肥料がお薦めです。**

トップナーセリー直伝
栽培12カ月

JANUARY 1月

寒い中で、ゆっくり咲かす

1月といえば一般の植物にとっては休眠期。一方、クリスマスローズはといえば、春暖に備えて秋のうちに地表および地下部の芽の中ですでに花芽分化をして、早いものは暮れのうちから開花している種類もある耐寒性の強い植物です。

私たちが通常愛培している園芸種（ガーデンハイブリッドまたはハイブリダス）は、日本においてはほとんどが、この月末頃から開花が始まります。ただしこれは、ビニールハウス内のことで、生産者などの鉢や露地植えのものは、まだあまり動きがないのが普通です。

主な作業

鉢植えの水やりも一度十分に灌水《かんすい》すれば1週間はもちますし、庭や露地植えのものは全く手を入れる必要はありません。

ビニールハウスは昼間開放して通風を図り、灰色カビ病（ボトリチス病）の発生を未然に防止するように努めます。

私が訪れたイギリスのクリスマスローズの大先輩、エリザベス・ストラングマンさんも、二言目には「フレッシュエアー、フレッシュエアー」と言っておりました。

鉢植えの管理

鉢植えの植物の場合、限られた土で生育するものですから、いくら厳寒期とはいえ、鉢土が乾いたら灌水の必要があります。

特に乾燥した寒風は意外に乾くものですので、注意してしておれることのないよう鉢土の表面が白く乾いたら十分に水やりをします。

施　肥

常識的には今月は施肥の必要はありません。ただし、多少とも暖かいビニールハウスや温室に入れてあって、ステム（茎）が伸び始めているものには、私の経験ではステムが動き始めた頃、NPK3要素が10・10・10くらいの等量の水肥の1000倍液をじょうろでかけてやりますと、充実した力のあるよい花が咲くようです。

病害虫防除

病害虫防除のための薬剤散布は必要ありません。枯れ葉や傷んだ葉は、ステムが伸び出したところで、全部きれいに刈り取ってやります。

日よけ

日よけは不要です。4月いっぱいまで日よけはせず、出てくるステムも葉芽も硬く丈夫に育てます。

庭植えの管理

灌水、施肥、病害虫防除は必要ありません。

傷んだ葉や枯れ葉の切り取り処理は行います。

●開花に向けて重要なこと

クリスマスローズは寒い中でゆっくり咲かせると色もよく、大輪の花が咲きます。開花を急ぐあまり、暖房などはしないことです。

開花した鉢は霜の当たらない場所に取り込んで観賞し、日中は陽光にも当ててやりましょう。夜間は凍結しない程度の寒い所の方が株が休まります。

売店で暮れのうちから加温して咲かせた、モヤシのようなヨロヨロのうなだれた花を見ることがあります。決してよいものとは思いませんが、買う人がいるから出荷されるのでしょう。寒い中で十分陽光を当てながら、ゆっくりと咲かすのが本当です。

何物にも旬というものがあります。野菜や果物、魚などの一番量の取れる味のよい時季のことですが、一方で日本人は初物を喜び尊びます。そしてそれが高価に売れるところから促成されるようになり、現在は旬の季節がはっきりしなくなっています。これは不幸なことです。

クリスマスローズの場合、もう少々待てば本当の旬が来ます。気持ちを落ち着けて、ゆっくりと旬のクリスマスローズを楽しみましょう。

FEBRUARY 2月

水やりは晴天の日の午前中に

クリスマスローズマニアにとって、この月ほど青春時代のような胸のときめきや喜びを感じる月はほかにないでしょう。

鉢植えのものはこの月からいよいよ開花本番となり、人々を魅了せずにはおかない、妖しい魔力に満ちた花々が見られる楽しみの深い月です。1年間の丹精の成果が現れます。

売店などでも早いところは、1月から飾り棚に一番花が開いたばかりの鉢が並びます。

花色のニュアンス、ムード、格調など、実生から育てられた株であるだけに、一株として同じものはありません。それだけに自分の好みにピッタリの花色、花形の個体を選んで買う楽しみや、一歩踏み込んでマイ・クリスマスローズ作りの交配親として、自分の目指すタイプを物色するのも楽しいでしょう。

各地で展示即売会なども行われ、会場では講師が育て方などの説明をし、質問も受け付けますから勉強にもなります。

今月中旬頃から日差しもだいぶ春めいてくるので、1月に比べていくらか乾きも早くなり、特に花茎を伸ばして花を咲かせるようになると、水分の要求も多くなります。

しかし、今月は年間で一番低温が記録される月でもあります。水やりは晴天の日の午前中、特に夜間までに、できるだけ早めの時間に終わるよう葉の間に水滴や湿気が残らぬようにすることが肝要です。このことは灰色カビ病（ボトリチス病）の発生を抑える意味からも大切な心掛けです。

実生および苗

前年交配して播種《はしゅ》したものは、今月芽を出し双葉を開きます。ほぼ生えそろったところで、1本ずつ7・5センチのポットに取り上げます（「播種」64ページ参照）。2年生苗の方は前年秋10月からこの春3月末までに、7・5センチポットから10・5センチ深ポットに植え替えます。

満2年になる苗は、ニゲルでは花が上がって咲いてきますし、ハイブリダスのよくできた苗は3割から5割くらい初花が見られます。しかし、満2年ではまだ本当の力がなく、本咲きの花ではありません。この満2年生の10・5センチポットで来た苗は、3年苗としてこの春までに15センチポットに植え替えます。そして今秋完成苗として出荷できるものになるわけです。

ところでビニールハウスは日中気温が上がり、夜間は凍結するくらい温度が下がります。締め切っておくと空中湿度が過剰になり、灰色カビ病発生の最適条件となるので日中は通風第一を心掛け、余分な湿気を排除しておかなければなりません。

庭植えの管理

北陸から東北にかけての雪深い所では、まだ雪の下から株が顔を出すかどうかという時季ですが、太平洋側では2月後半にもなると風は寒いものの春の日差しが降り注ぎ、いよいよクリスマスローズの春がやってきます。

頭上を保護してくれる広葉樹の落葉をもたげて早いものは花開き、力強い大きなつぼみを地上に現してきます。そこで、古い葉を切り取ってステムが伸びやすいように、日光がよく当たるように手伝ってやります。

庭植えのものは鉢植えとは異なり、根を思い切り張ることができるので、精いっぱい気持ちいいほど伸び伸びと太ってくれます。

今月はまだ水も肥料も施す必要はありません。

病害虫防除

ほとんど必要ありません。

その他

年間で一番寒気が襲うのはこの月です。寒さが嫌いな原種は注意して、放射冷却の晩はムシロをかけるなどの対策を忘れないことです。

植え替えは今月中に済ませましょう

クリスマスローズの花盛りの月です。早咲きから晩生種まで、露地植えも併せて花が咲きそろいます。上旬頃までは2番花、3番花あたりで交配が忙しいことでしょう。

MARCH 3月

交配したもの以外、種子が実ると株にとってかなりの負担になるので、花の観賞を終わったものから花ガラを摘むか、根元の葉芽の存在を確認した上で、ステムを根元から切ってやりましょう。

特に有茎種のアゥグチフォリウスやフェチダスなどは、葉芽の確認が大切です。これをやらないでうっかり切ったために、貴重な株を枯らす人が少なくありません。

交配した花は日ごとに子房が大きく膨らむので、種子がこぼれないうちに袋掛けをします。

鉢植えの手入れ

月の後半には彼岸もあり、昼の時間も延びて徐々に春めいて暖かくなってきますので、土も結構乾くようになります。

鉢の上土が乾いたら十分に水をやります。

鉢植えの春の植え替え

開花苗を買ったら、ほとんど根がいっぱいになっていると思いますので、二まわりくらい大きい鉢に植え替えてやります。春の植え替えは活動期の残り期間を考えると、今月いっぱいが限度です。従って、あまり根を傷めないように根鉢の底の方3分の1か、せいぜい半分くらいをほぐして植え替えを終わります。

植え替えて10日ほどして活着したら、薄い液肥を施して力を付けてやります。春にこの程度の根の処理で植え替えた株は、秋10月にもう一度植え替えて、伸びすぎた根を切り詰めたり、ほぐしたりしてやると後々がよいのです（調子がよければ、そのままでもよい）。

病害虫防除

春暖とともに灰色カビ病（ボトリチス病）やベト病、害虫としてはアブラムシなどが出てきます。

せっかく交配して子房が大きく膨らんだのに、ステムの根元にボトリチスのカビが付いて倒れてしまい、がっかりすることも多くあります。

これを防ぐために、あらかじめ銅剤（ボルドー、キノン銅）を前年秋から月1回あて散布しておくと予防になるのですが、オーソサイド（キャプタン）の800倍液かポリオキシンALなどを根元にたまるくらい十分に散布します。

アブラムシはバイラス病を伝染させるので、早めの駆除が大切です。殺虫剤に展着剤を入れて散布するか、ベストガード粒剤を1鉢当たり2グラムほど鉢土の上に置いてやると灌水に溶けて効きます。

施肥

今月は春の第1回目の油かすの置き肥をする月です。油かす3に骨粉1の割合の混合肥料を、5号ポットに対しティースプーン山盛り1杯程度、鉢土の上へ1カ所置き肥として施用します。

ポットサイズ5号以上の苗は同2カ所、ポットサイズが小型の苗はそれなりに減量して施してください。

化学肥料はよく効くようですが、成長が進むと植物への肉付きが足りなくなるので、有機肥料との併用が望ましいと思います。

庭植えの管理

今月後半頃からは地植えのクリスマスローズの出番です。力強い花蕾が頭をそろえて伸び上がる様は圧巻で、大きな力ある花が咲いてくれます。

この場合は鉢植えとは異なり、本来的な美しさが楽しめるスノードロップやシクラメンコームなどが一緒に楽しめます。

庭植えの施肥

鉢植えと同様、油かす、骨粉、魚かすなどの混合を1株当たり一握りほど、株の脇を少し掘って埋め込んでやります。

APRIL 4 月

花が終わったら、消石灰をたっぷりと

春４月は桜花爛漫で陽気もよく、各種の球根類をはじめ草花や花木類が一斉に咲いてきます。しかし春は、花とともに風の季節でもあり、思わぬ被害に遭わないように対策を考えておかねばなりません。

クリスマスローズは花の競艶が終わりますので、ステムを切り取ったり、新しく伸び出した新葉をしっかり大きく育てるために追肥をしたり、病害虫防除に取り掛からねばなりません。

地植えのヘレボルスは桜の頃まで楽しめますが、気温が上がると花色が褪《あ》せやすく、本来の色香ではなくなります。花が終わった株に病気予防の方法として、消石灰を頭から真っ白になるくらい振りかけてやるとカルシウムの補給も兼ねて大変効果があります。ぜひお試しください。

この時季は落葉樹の新葉が茂り始め、庭では明るい樹陰ができます。クリスマスローズにもそろそろ遮光が必要となります。

鉢植えの管理

日差しが強くなり、鉢植えは水やりが大切になります。ヘレボルス類は新葉が伸び広がって、水分の要求度が強くなります。水やりは朝がいいか夕方がいいか、それぞれに理屈があり一概には言えませんが、私は朝やることにしています。理由は植物が成長するのは主に夜だからです。この時に水分がたくさんあるとよく伸びますから、間延びした成品になりたがります。しっかり締まった成品を作るためには、夜間の水分は少なめの方がよいと考えます。

鉢植えの植物の種類にもよりますが、特に夏など夕方に水をやることにより鉢内の温度を下げ、周囲の環境への打ち水効果で気温が下がり、特に夜の温度が下がることにより、植物に生気がよみがえり元気に育つ、ということもあります。

そんなことを考えながら水をやるのも楽しみの一つです。

この時季、ビニールハウスは夜も昼も通風を図り、苗の茎葉がしっかりした硬い植物体に作っていきます。

日よけ

ゴールデンウイークに入る頃から50パーセントの遮光をしてやります。

施肥

春1回目の置き肥を先月に施してあれば、2回目は5月中下旬頃になります。先月施してなければ4月上旬に1回目をやります。そのほか10日に1度1000倍の液肥を施せば言うことなし。

病害虫防除

定期的（月2～3回）に薬剤散布をして病害虫の予防に心掛け、健全な茎葉を育てます。

その他

交配した花は子房がどんどん膨らみ種子の成熟への期待が高まります。種子が散乱しないように袋掛けを万全に。

庭植えの管理

月後半になると桜の花も終わる所が多く、落葉広葉樹の新緑が広がり、樹下は涼しい日陰が自然の日よけになります。

庭植えの病害虫防除

葉を食害する虫はほとんど付きませんが、アブラムシと灰色カビ病の予防散布は行います。

庭植えの施肥

春の追肥は油かす、骨粉または米ぬか、魚かすなどの混合を1株当たり一握りから二握りほどを、株の周囲をちょっと掘って施します。その時堆肥を一緒に株の周りへたっぷりと施しますと最高です。

乾いた強風に注意
新葉を大切に

上旬はゴールデンウイーク、新緑が目に美しくさわやかで、一年で一番気分爽快《そうかい》な季節です。日差しは強く、よく乾燥します。4月に引き続き春の嵐がたびたび強風をもたらします。

MAY 5 月

鉢植えの草花は、乾燥した強風に吹かれることが一番致命的な傷みになります。特に柔らかい新葉を傷めないよう注意が肝要です。展開したばかりのクリスマスローズの新葉は、これから年末までの大事な働き手ですから大切に保たなくてはなりません。

気温も上がり、日中は30度近くになることもあります。鉢植えのクリスマスローズは、日よけで強い日光と熱から守ってやる必要があります。遮光は50パーセントのダイオネットか寒冷紗で葉上1メートル以上空けて覆ってやります。

鉢植えの管理

水やりが重要になります。早朝、地温の上がらないうちに十分灌水します。昼近くなって鉢が温まり、根の温度が上がってから冷水で根を冷やすというような急激なショックを与えることは、植物にとってストレスとなり、長い間に悪い結果をもたらします。

緊急の場合は致し方ありませんが、植物も生き物ですから、ストレスを感じると生育が不安定になり、極端な場合は休眠状態に陥り生育を止めてしまいます。

施肥

5月末頃から6月に入ると根先の伸びが止まり、半休眠の状態になります。

春の施肥は5月中から下旬がタイムリミットです（これは新潟を中心に北陸と中部地方、南東北に適用だれると思います。中部地方のうち東京から南は10日前後早めに、北東北の岩手、秋田、青森は10日前後遅めに考えればいいでしょう）。

この5月の追肥は第1回目と同様、有機質の油かすや魚かすと骨粉の混合の置き肥です。量の目安は5号鉢当たりティースプーンで山盛り1杯を鉢土の上へ1カ所にまとめて置きます。市販の発酵済み油かすの玉肥でしたら同じ5号鉢で親指頭大のもの2個から3個を鉢土に埋め込んでやります。

クリスマスローズたちはこの春の最後の有機肥料を吸って力をつけて、6、7、8の3カ月間、地中の芽とその中で来春の花芽作りの作業にかかるわけで、この間、表面上は葉数も増えず目立った動きはありません。

原種ヘレボルスで地上部が枯れて休眠するものは、葉があるうちに置き肥と液肥で肥培してやらないと、来春の花がみられません。

園芸種ハイブリダスの実生1～2年苗には、10日に一度の薄い液肥と月1回の少量の置き肥が効果的です。

病害虫防除

あくまでも予防的に月1～2回散布します。病害予防にはボルドーかダイセン類、虫害予防は有機燐剤が中心です。

日よけ

寒冷紗かダイオネットによる50パーセントの遮光を月初めから行います。

新芽時から直射日光と風に当てて丈夫に育った新葉は、簡単には日焼けしないものですが、長い間屋内に置いたものやお店で買ったものなどは要注意です。

種子採り

今月下旬になると、交配してあった開花株は子房が割れて種子が落ちるので、採種して交配の記録を付け整理しておきます。6月初旬にかけて採種の時季です。

庭植えの管理

上に落葉広葉樹が日陰をつくってくれるような場所とか、直射が午前中だけ数時間当たり、午後かげるような場所に植えられている株は何も言うことはありません。

JUNE 6月

乾かしすぎないよう 水やりは十分に

日本列島の南端部から梅雨期に入ります。雨や曇りでなければ、日差しは盛夏そのものですからよく乾燥します。

一方、ヘレボルスは今月から8月までのおよそ3カ月間、夏の休眠というか充実期に入り、地上部はしっかり葉を茂らせてはいるものの根の活動は鈍くなり、目に見えての動きはなくなります。

実は来春のための準備に入り、葉の元に新しい芽をつくり、芽の中で花や葉の分化が始まるのです。原種のチベタヌスをはじめ数種の完全休眠型の種は、夏の期間に入る頃から茎葉が黄ばんで枯れ、地上部がなくなります。しかし、根茎は来年の準備にかかり生きていますから、灌水は続けなければなりません。

鉢植えの管理

梅雨期に入り、日中はかなり暑い日が続き、降雨のないときはよく乾きます。

今まで出版されたクリスマスローズの育て方の本によれば、多くの本で休眠期に入ったら灌水は控えめにと書いてあります。ですが、地上部が枯れてなくなった原種はともかく、園芸種のハイブリダスは従来と同様に十分な水やりをやってかまいません。

私の栽培場ではもう十数年、3000株ほどの5号ポット仕上げ苗を5月から降雪期まで雨よけなしで露地栽培しています。これらを梅雨の土砂降りに合わせても、何の異常も生じていません。むしろ猛暑のシーズンに乾かしすぎる方が危険です。乾いたときは、十分に灌水してください。

ビニールハウス内で直接雨に当たらない数千株も、露地栽培と比べてみながら作ってきましたが、暑い日に水が足りないことの方が、葉が焼けたりして結果がよくありませんでした。

クリスマスローズ作りは欧米が先進国であり専門書も何冊かありますが、日本での栽培は、やはり日本での栽培体験から書かれなければなりません。

施肥

肥料は施しません。

病害虫防除

虫よりも病気に注意。あくまで予防的に2～3回薄めのボルドー液を散布します。

ほかに殺菌剤としてはダコニール、ベンレート、オーソサイドなどがあります。

殺虫剤は、スミチオン、オルトラン、カルホス乳剤あたりがいいと思います。

日よけ

日よけは50パーセントで間に合いますが、通風の具合などで葉焼けなどが認められるようなら、70パーセントもやむを得ません。

庭植えの管理

梅雨期なので、大雨に備えて地植えの株の周囲の排水を考えておきましょう。降雨がたまるようではいけません。

庭植えの病害虫防除

大雨や長雨に備えて、あらかじめ殺菌剤の散布をやっておきます。害虫など鉢植えに準じます。

その他

夏草が茂り、通風が悪くなりますので、除草も大切な作業です。丈の低いグラウンドカバーで地面を覆うのもいいと思います。

グラウンドカバーの効用は地上を覆ってほかの草を生やさないことと、地温の上昇を防止する効果があります。種類としてはヤブコウジ、ヘデラ、リュウノヒゲ、アイビーなどがいいでしょう。

農薬散布は雨の降る前に

まさに盛夏の到来です。梅雨末期の集中豪雨があり、じめじめと蒸し暑い日が続きます。

JULY 7 月

梅雨明けとともに猛暑が襲います。人間も熱中症で倒れるほどです。クリスマスローズにとっても、一番苦手な蒸し暑い季節。連日の雨と多湿と日射不足、おまけに昼夜の高温で、ちょっとなよなよしていますので梅雨明けの猛暑はこたえます。

殺菌剤で病気の予防が今月の大切な仕事になります。できるだけ通風をよくしてやることです。

鉢植えの管理

晴れて暑い日は乾きますので、灌水は十分にやってください。露地の鉢は大雨の時は水浸しになります。しかし雨水は空中で酸素を含んでいるためか、めったに根腐れにはなりません。

むしろ連日雨が降るからと油断して水切れさせることがあります。要注意です。

施　肥

施しません。

病害虫防除

虫害よりも病気に気を使います。

春から硬く育てた葉はめったなことでは病気になりませんが、石灰ボルドー（銅製剤）をやや薄めに数回散布しておくといいでしょう。

農薬散布は雨の降る前に行うことが効果をもたらします。雨の後では遅いのです。展着剤を加用することで、効果がぐんとアップします。

その他

梅雨明けと同時に猛烈な暑さと日差しが襲いますので、遮光は70パーセント程度にしてやるといいでしょう。

また鉢の間隔を広げるなどして、通風を図ります。

庭植えの管理

株元の水はけがよければ大丈夫です。

庭植えの病害虫防除

鉢植えに準じます。

その他

夏草がはびこりますので、除草をしてやります。

暑さを嫌う植物でも、夜間の温度が25度以下であるうちは何とか元気を保ちます。しかし、25度を超えるとまず葉色が変わってきます。葉の色がなんとなくいつもと違う。または白っぽいという程度のうちに温度が下がってくれれば生命を保ちますが、それより暑くなると枯れる方に傾きます。

併せて日中と夜間の温度格差が7～8度以上あると健全ですが、夜も昼も30度以上になったら、熱帯植物でもない限り気息奄々《えんえん》です。

植物は光と二酸化炭素と水の同化作用でエネルギーを蓄え成長していきますが、この同化作用の効率が最もいい温度が27度前後といわれています。仮に日中が33度、夜が28度だとすると夜の温度が高く、日中との温度差が5度程度では夜間の呼吸に費消されるエネルギーが大きく、昼間の同化作用による稼ぎがいくらも残らず、成長が鈍くなるのです。

もう一つ、暑い時に注意しなければならないのが根腐れです。鉢土に有機物のピートモスとか堆肥がたくさん混用してあると、施肥などにより高温のため分解が進み通気が悪くなることと、有機物を分解するバクテリアが、鉢内の根が必要とする酸素を横取りしてしまうことが原因で根腐れが起こるのです。シャクナゲ栽培では常識とされている知識ですが、経験の浅い生産者はピートモスを多様する向きもあるので、用土の配合にはこのことに注意する必要があります。

8
AUGUST 月

暑い盛りの水やり厳禁

梅雨明け以来引き続き太平洋高気圧の圏内で、連日の猛暑が嫌になるほど続きます。ヘレボルスたちも、日本はどうしてこう暑いのだろうと顔をしかめていることでしょう。

それでも旧盆の8月中旬を過ぎる頃には、さすがに朝夕多少の涼しさを感じるようになり園芸種（ハイブリダス）の苗類も暑さに耐えることになれて、引き締まった感じになってきます。

今月の下旬頃から苗類の根が動き始めます。

採種して以来、なるべく乾かさないようにしてきた交配種子も、もう一度オーソサイド水和剤で処理して月末頃から冷蔵庫に入れ、5度から7度で冷蔵しますと10月上旬には種子が芽吹いてきて播種できるようになります。ただ9月中に播いても高温に遭うと冷蔵の効果がなくなります。

鉢の管理

毎朝十分に水やりします。

病害虫防除

前月に引き続いて2～3回薬剤散布を行います。

施肥

置き肥はまだ施しませんが、薄い1500～2000倍くらいの液肥（リン酸、カリが多目のもの）は下旬頃に施してもいいでしょう。

日よけ

日よけはまだ70パーセントです。

庭植の管理

降水不足であれば灌水します。晴天続きで暑いとき、夕方か早朝に土がかなり湿るくらいの水をやります。ほかの花木への影響もありますから、様子を見ながら水が多過ぎることのないように。

日中の暑い盛りにやってはなりません。

庭植えの病害虫防除

あくまでも予防ですから、病気や虫がなければ1～2回、薬剤散布をやる程度です。

コラム

病気と害虫防除のコツ

木口　二三

まず病気についてですが、やはり予防に勝る防除はないので、平素から葉を丈夫に硬く育てることです。常々通風をよくし、日射も芽出し時からできるだけ直射光を当てて硬い葉になるよう努め、肥料特に窒素の過剰施肥を控えること。

葉が黒いほど緑の濃い状態は窒素が効き過ぎの状態で、非常に病菌の取り付きやすい状態です。病気の株をよそから持ち込んでこないことも大切です。

ほとんどの病気はカビによるものですので、カビの胞子が葉上に付いていても胞子の発芽には水分が必要なので、葉がぬれた状態でなければ病気は発生しないと考えられます。

カビの胞子が発芽して葉に食い込むためには、葉のぬれた状態が5時間以上も続けば胞子の侵入が可能になり、発病することになります。ですが、3時間くらいで乾けば発病しないので、水やりの時の天候と時間を考えて、できるだけ葉が短時間で乾くような灌水をすることが肝要です。

次に殺菌剤ですが、12カ月の栽培管理の中で書いてあるように、銅を主剤とする保護殺菌剤は安価で、カビにも細菌にも初期のうちならよく効きますので、予防的に散布しておくにはお薦めです。ほかの薬剤としては、ベントレート、Mダイセン、オーソサイドがあります。

病気が発生してしまったら、これらを輪番に使用して（ほかにダコニール、ダイマジンがある）、駆除されるといいでしょう。

怖い病気としてブラックデス（黒死病）がありますが、私は見たことがないので書くことができません。これとバイラス病は治す薬のない全身病ですので、見つけ次第焼却処分し、使用したはさみや道具類は完全消毒をしなくてはなりません。もちろん手もよく水洗いし、消毒が必要です。また鉢土などは深い穴を掘って埋めるしか方法はないようです。

虫害の方は春先の新芽にアブラムシが付く程度で、ほとんどほかの虫による被害はありません。アブラムシはバイラスの媒介をしますから、早めに駆除します。殺虫剤のほとんどが効きますので、展着剤を入れて散布すれば、割と簡単に駆除できます。

台風や塩害対策を万全に

残暑がまだ厳しいものの、日照時間は徐々に短くなってきます。暑さ寒さも彼岸まで。下旬頃にはどうやら涼しい日も訪れましょう。

SEPTEMBER 9月

この月は台風の多い月ですから、風対策を万全に。日本列島は太平洋側では風雨被害、日本海側ではフェーン現象による高温乾燥の状況が多いようです。いずれにしても思わぬ災害を被ることがないように、日よけ設備や棚板の固定、ビニールハウスの補強、最後は植えてある鉢を風下へ向けて寝かせるなどの処置が肝要です。

台風の通過後は塩害に遭う心配がありますから、直ちに水道水などをかけて葉を洗い、殺菌剤の散布などを行います。

月末頃から植え替え、株分けを始められます。

鉢植えの管理

上中旬は残暑がいまだ厳しく、毎日の灌水が大切です。鉢やポットから株を引き抜いてみると、根が新しく働き始めているのが分かります。そうなれば秋の置き肥を施してもいいということです。

3カ月もほとんど施肥をしなかったのですから、クリスマスローズたちもさぞかし空腹だろうと思います。春葉の基部の株元が膨らんで、来春に向けて花芽が内部で育ってきているのが分かります。

春の置き肥と同様に油かすや骨粉、魚かすなどの混合を鉢土の上に置いてやります。

植え替えた株は肥料をやるのを1週間ほど待って、根が活着してから施します。

病害虫防除

秋の肥料をもらうと柔らかい新葉が出て、ベト病が付くことが多いので薬剤散布は大切です。特に葉叢部の新葉の発生した個所への散布が肝要です。

病気が未発ならば銅剤が安上がりですが、ジマンダイセン、ダコニール、ダイマジンなどを使って抑えます。

植え替え

気温が下がってくる月末頃からが株分け、植え替えの好期です。7号以上の鉢に2年経過した株から植え替えと株分けを行い、2～4株に分けて適当な鉢（7号程度）に植えてやります。5号ポットで仕上がった株が、7号鉢にちょうどいい大きさです。

満1年生の2・5号ポット苗を3・5号ポットに、満2年生の3・5号深ポット植えを5号深ポットへ植え広げてやります。

前年に5号深ポットに植えた満3年を迎える苗は、根がパンパンに張って最高に力が充実した状態です。これを秋のうちに7号鉢に植え替えて春の花を見るのが理想なのですが、生産者はそれをやる手間と経費をかけない分、安価に出荷しています。

日よけ

9月末ともなれば日差しも弱まるので、日よけは除去して日光に十分当ててやります。

株分けしたものは、10日くらい日よけ下に置きます。

庭植えの管理

残暑が遠のくとともに株の力が充実してくるのが分かります。今月中下旬に秋の追肥をやります。油かす2に骨粉1の割合のものを1株当たり二握り、株の周囲に施します。

庭植えの病害虫防除

ダイセン、ダコニール、キノン銅などを病害に、虫にはスミチオン、カルホス乳剤などを散布します。

秋のうちに消石灰または苦土石灰を株の周囲も含め、頭から真っ白になるくらいかけてやると、制菌作用があるので病気予防のほかカルシウム補給にもなり、ヘレボルス自体が丈夫になります。

10月 OCTOBER

植え替え、株分けの適期

この月になると、日よけは不要になります。台風に対する備えは先月に引き続きます。朝夕グッと涼しくなり、クリスマスローズの株も、いよいよ本来の力をつけて充実してきます。植え替え、株分けに最適な時季です。

秋冷とともに柔らかい新葉が数枚展開して、ベト病がよく付きますので、殺菌剤の散布は大切です。

今月上旬頃が種子播きの適期です。乾かさないように保存、または冷蔵していた種子を、バーミキュライトか鹿沼土など新しい無菌の土を用いて播種します（「播種」64ページ参照）。

鉢植えの管理

前月の下旬頃からぐんと乾きが遅くなり、水やりが楽になります。秋の置き肥を先月やらなかったものは、今月と来月末頃の2回は施します。

鉢の管理

実生から満3年を迎える5号深ポットの苗は充実して、ポット内に根が回り切ってパンパンになっています。これでこそ開花期には最高に力のある花が見られるのです。

これを秋のうちに7号鉢に植え広げてやると、その後2年間は植え替えをしなくても快調に育ちます。しかし、出荷する生産者の立場から見ると、手間と資材で単価的にはかなり高価なものになり、また輸送経費も大きくなりますので、ほとんど植え替えをせずに5号ポットのままで出荷されます。

鉢換えは消費者個々の責任となります。ですから開花株を買ったら必ず植え替えて、まず根が健全かどうかを確認して、適当な鉢に自分の用土で植え替えてください。

病害虫防除

秋の施肥をすると必ず柔らかい新葉が出ます。そこへベト病が付いて葉腐れ状態になりたがるので、病気予防は大切です。

夏中を通して銅剤を散布していればほとんど病気は出ないと思いますが、ベト病や灰色カビ病が予想されるときは、ダイセン系かダコニール、ダイマジンなどを散布します。

庭植えの管理

庭に植え込んでから5年以上たたなければ、株分けの必要はないと思いますが、10月が最も株分け、植え替えに適した月です。

新しい植え穴に化成肥料を軽く一握りと堆肥をたくさん施し、石灰を1株当たり二握りほど周囲の土にも散布し、よく混和して深植えにならぬよう、やや盛り上げて植え付けます。

秋の追肥

9月に施さなかった株へ菜種かす、魚かす、骨粉などを根元に埋め込んでやります。

株分けについて

鉢植えも2年経過すると根も張り、芽数も増えて用土の質も変わってくるので、植え替えしなければなりません。鉢を大きくする方法もありますが、重くて動かすことが大変になりますので、常識的には株分けをします。目安として、7号鉢で2年経過した株を2～4分割して、それぞれを7号鉢または6号鉢に植え替えます。

クリスマスローズは、とても根張りの良い植物なので、いちいち根をほぐしていると大変で根も傷みます。むしろ芽の付き具合を見通して、包丁などで切り割った方が割合に傷まないものです。切れた根や土を落とせるだけ落として、新しい用土で株元がやや出るくらいに、あまり深植えにならないように植え込みます。

包丁で株を切り分ける

鉢と株の大きさのバランス

NOVEMBER 11月

大切な株は、中旬頃に霜よけ下に取り込みましょう

晩秋の日本列島は、太平洋側と日本海側では、脊梁《せきりょう》山脈を境に気候がガラリと異なります。

気圧配置が冬型になると、日本海側は冷たい雨、曇り、少しの晴れ間の天候となり、逆に太平洋側は晴天が多く乾いた北西風が吹き通ります。

中部以北は降霜があり、下旬には北陸以北の日本海側に降雪があることもあります。

クリスマスローズはほとんどが寒さに強いので何の心配もありませんが、中旬頃になったら大切な株は霜よけ下に取り込んでおくといいでしょう。新潟では園芸種のハイブリダスは、雪の下での越冬も彼らにとってちょうどいいくらいの寒さのようです。

鉢の管理

水やりは本当に楽になり、日本海側はほとんど定期的に雨が降るので、ビニールハウス内の鉢だけ3～4日ごとに灌水する程度です。

今月は秋の2回目の追肥(置き肥)を施します。来春の開花に備えての弁当肥ですので、中旬から月末までの間にやればいいでしょう。

私は化成肥料よりも有機肥料がいいと思っているので、菜種かす、骨粉、魚かすなどの混合を5号ポット当たりでティースプーン山盛り1杯を鉢の縁へ1カ所置いてやります。

病害虫防除

傷んだ葉は切り落としますが、健全な葉は残しておきます。ベト病、灰色カビ病予防の殺菌剤散布は行います。虫の予防は不要です。

庭植えの管理

傷んだ葉は切り落とします。病気の予防は鉢植えに準じます。

追肥は秋の2回目をやります。ほかに株の周囲に堆肥と苦土石灰を散布してやります（石灰とマグアンプKもいい）。

コラム

水やりについて

木口 一二三

お客様に水やりについて聞かれることがよくあり、申し上げる言葉はいつも「鉢の表面が白く乾いたら鉢底から出るくらいたっぷりやり、次の水やりは再び乾いてからたっぷりやってください」です。

鉢物に対する水やりは誰でもできる簡単な作業です。しかし、これは一番大切で一番難しい技術なのです。昔から「水やり3年」といわれてきました。でも本当は本人の熱意にもよりますが、10年は必要か、と思うことたびたびです。

鉢物植物もいろいろな種類があり、例えば山草、1、2年草、多年草、球根類、花木、果樹、ラン類、熱帯観葉、サボテン、盆栽といった具合です。これらをある程度は知らなければ、それぞれの個性も分かりません。

用土ならミズゴケ、ピート、赤玉、鹿沼土、軽石、ケト土、調合土。鉢も深鉢から浅鉢まで、磁器から素焼き、ビニール、プラ鉢までいろいろです。

クリスマスローズに限っても、植え替えたばかりの新しい土は水もちがよく、根の張ったものは水の通りが遅く乾きが早い…。このようにさまざまな変化や状態、植物の個性に応じて水やりをするので、植物をよく知ると同時に、愛情を持って面倒をみなければなりません。

また、日々の変化に気付く注意力と毎日同じようで個々に異なる鉢に変らぬ気持ちで水をやる平静さ、これがなければ植物は元気にすくすくとは育ちません。

水やりとは、つくづく簡単なようで難しいと思うのですが、水をもらう植物の方でも多少のことなら我慢をしてくれる適応力の幅があって人間を許してくれますので、何とかなっているところもあります。

しかし、1日1回の灌水でギリギリ生きているような鉢の場合、毎朝8時に水をもらうことが決まりのようになっている植物は、その指定時間までは何とか頑張って待っていますが、その時間に水が間に合わず1時間でも遅れると、誠に正直に様子が悪くなるものです。

このように鉢植えの植物とは日々誠実にお付き合いを重ねることが大切で、決して相手の信頼を裏切るようなことがあってはならないのです。

また、水やりを現象的にみると、新しい水が鉢土のすき間すき間へ入り、そこに現在まであった古い空気を押し出しながら鉢底へ抜けていくことで、新しい水の通った後へ新しい空気が入り、酸素が根に供給されることになります。

と同時に新しい水が次の肥料成分を溶かして根に届けてくれるという作用も行って、植物を育てることになるのです。どうか水やりを決しておろそかに考えないでください。

たかが水やり、されど水やりです。以上、水やりについて念を入れて書きました。

12月 DECEMBER

1年間の丹精が実るとき 傷んだ葉は切り取って

いよいよその名の由来となったクリスマスの月、日本の師走です。早咲き系なら開花するものもあります。ですが、本命のニゲルでも暮れに咲くものはわずかしかありません。

クリスマスに花開く個体は、ハイブリダスの中でもまだ数少なく、クリスマスローズという呼称は実態に合いません。しかし、全くないわけではなく、いずれ早咲き系が選抜固定されて自然に暮れ咲きするクリスマスローズが店頭に並ぶことでしょうが、現在は夏期に山上げされて早めに低温処理された株がわずかに暮れの鉢物売り場をにぎわすのみです。

筆者の好みからいえば、自然の旬というのが何でも一番立派で力ある存在であり、充実し脂が乗った状態であるように、無理に加温などせず、寒い中でゆっくりと自然に花開いたクリスマスローズが色も形も一番美しく、人を感動させてくれると思います。

鉢の管理

水は十分にやります。一度やると1週間くらいは保つでしょう。

枯れ葉切り

傷んだ葉は根元から切り取ります。傷んでいない葉は残します。その理由は、常緑の植物が常緑であるということは、やはり年間を通して葉からの稼ぎが必要なのだ、という考えからです。

しかし、ここまでくるとかなり根の方にエネルギーが蓄えられていると思われるので、古葉を全部刈っても、春の開花への影響は少ないと思います。

なお、施肥、病害虫予防とも不要です。

庭植えの管理

傷んだ葉は刈り取ります。ほかに特にやることはありません。

ここまで1年間の丹精が実るときです。早春の寒気に負けず、ゆっくりと丸いつぼみを持ち上げてくるときを楽しみに待ちましょう。

コラム

栽培用土について

木口　一二三

一般的な用土の常識

○根が健全でよく張るには、排水良好な通気のいい材料＝砂れき粒、軽石、パーライト、鹿沼土や赤玉土の粒、木炭、もみ殻くんたんなど。

○緩衝能を増す材料（肥や水持ち良好な材料。ただし混ぜすぎると根腐れに結びつきやすい）＝ピートモス、腐葉土、バーク堆肥など。

クリスマスローズの用土としては、前記材料を上手に混ぜて鉢に使用するわけですが、決まった配合があるわけではなく、栽培環境の日照や風通し、夏の温度条件などを考えて調合します。

例えばイギリスで使用されている配合土はバーク堆肥や腐葉土のような腐植が多く、私が一目見たとき「この配合は非常にいい土だけれど、日本では夏に根腐れするぞ」とすぐ思いました。

私のところで調合している用土は赤玉土中粒5、腐葉土2、鹿沼土2、パーライト1、石灰少々という配合でよくできましたが、後でパーライトの代わりに軽石粒を使用するようになりました。

この配合ですと赤玉が中粒でやや大粒なので、1年生の小苗には少々粗すぎますが、この場合は赤玉を小粒にすればいいわけです。

本音を言うと鹿沼土というのはリン酸欠乏土壌で肥料の効きが悪く、ツツジ、シャクナゲにはよい土ですが、ほかの植物に使用すると決していい土ではないのです。ただ軽い粒土なので、用土の軽量化と通気通水用資材として混用しています。

日本の夏の暑さを考えると、うまみのある用土というより、まず根の健全性を第一に考えた土の配合が大切です。ただし、通水佳良の土は肥料の流亡も早いものです。そこでものをいうのが有機質の肥料なのです。菜種油かすとか骨粉、魚かすなどを鉢土の上に置き肥として使用します。それは花き産地として歴史ある、新潟の園芸文化でもあり、知恵でもあります。

最後にもう一つ、鉢土に肥料を混ぜないこと。栽培用土にマグアンプKなどの遅効性肥料を混ぜると、初めは生育がよくても先へ行って根の張りが悪く、結果的に後悔することになります。

インタビュー 木口 一二三さん

KIGUCHI KAZUFUMI

「新しい花に巡り合えるのもクリスマスローズ栽培の楽しさです」

新潟の花卉分野の発展に寄与

花卉《かき》栽培が盛んな新潟市秋葉区でアザレアやシャクナゲなどのオリジナル品種を数多く生み出してきた木口一二三さん。1960年後半には8品のアザレアの新種を世に送り出し、その後はシャクナゲの新品種の開発に取り組んできました。そして1994年にイギリスから持ち帰ったクリスマスローズを日本人好みの品種に改良。「木口交配」と呼ばれる丸弁の横向き、ややうつむき加減の特徴を持つクリスマスローズは愛好家に注目され、その人気は全国に広がっています。

2009年には新潟県の花卉分野の発展に寄与したと新潟県技術賞を受賞。花卉栽培にかける情熱と地道な活動が評価されての受賞でした。

クリスマスローズのシーズンになると、花卉を育種する傍ら、県内外のイベント会場でクリスマスローズの育て方講習会の講師も務めています。受講者に育て方の基本を教えるだけでなく、**「育種農家の知恵を伝えたい」**と失敗談や実演をして、クリスマスローズの知名度の拡大にも貢献しています。木口さんのクリスマスローズとの出合いは1947年にさかのぼります。

クリスマスローズとの出合い

木口さんがクリスマスローズを初めて目にしたのは、1947年の戦後間もないころ旧新潟中学校三年の時でした。新潟市の小林百貨店（現三越百貨店）の園芸品売り場で、薄緑の花弁に褐色のスポットが入ったクリスマスローズを見かけたのです。「名前の割には地味な花」という記憶だけが残っているといいます。

子どものころから花が大好き。自宅の2階にスミレやアオイ、カーネーションなど100鉢もの花を育てていたという木口さん。通信販売のパンフレットを見ては、「こんな花が手に入ったらいいなあ」と心を躍らせていました。旧制中学校では戦後、クラブ活動として復活した園芸部に所属。

講堂天上裏のハトの糞を肥料に菊などを育てていました。

当時木口さんに園芸の基礎を教えてくれた書籍があります。学校近くの古本屋で見つけた『皐月とアザレアの作り方』（石井勇義著、実際園芸叢書）です。そこにはフリルが入った豪華な花弁のシャクナゲが紹介されていましたが、モノクロ写真であったにもかかわらず、頭の中では彩られた花が想像できるほど、感銘を受けました。**「俺もいつかこういう花を咲かせてみたい」**と心に誓っていました。街も人の心も疲弊していたけれど、仏花だけはよく売れたという戦後のこと。「できたら、花作りにかかわる仕事がしたい」と思うのでした。

園芸の道に迷いなし

旧制中学校3年終了後、実家の家業が不振のため、学費が滞り学校を中退することに。その後、船舶用バネの製造工場に就職。鉄粉のほこりと騒音の生活を慰めてくれたのは、2階の鉢の花でした。2年後、工場通いが性格に合わないと、1950年に新津市内の長尾草生園に再就職。

▲旧制中学校時代に感銘を受けた『皐月とアザレアの作り方』石井勇義著（実際園芸叢書）

▲「クリスマスローズの育て方」を講演（2009年、国営越後丘陵公園で）

ちょうど園芸業も戦後の復興期。でっち奉公の住み込みで働き始め、慣れない手に鎌や鍬を持つことになりました。

当初は、ツツジやシャクナゲの植え替えや水やり、畑仕事、下肥くみなどの単純作業の繰り返し。学業をあきらめざるを得なかった上に、お金も家も土地もない。人生は苦労ばかりで将来に見通しが立たず、精神的にも不安定になっていきました。22歳頃は「これでいいのか」と悩んでばかり。しかし今思うに、この時期に育種の基礎や農業に耐える体づくりができたといいます。

下積みの単純作業の繰り返しに転機が訪れたのは間もなくでした。当時はシャクナゲの接ぎ木をする専門の接ぎ木師がいました。台木に穂木《ほぎ》を接ぎ、乾燥を防ぐために霧吹きをして、コモで日よけをします。活着率は40%。木口さんは日よけする古い管理方法に疑問を持ったのです。生理学上、植物には光合成は重要です。そこでこれまでとは違った方法で、できるだけ日光を当て、1日2回だった霧の散布を5、6回に増加して乾燥を防ぎました。さまざまな実験の結果、活着率を90%に上げることに成功したのです。その後、下働きから生産担当の責任者に昇進し、生きることへの前向きな姿勢も生まれてきたのでした。

もう一つの転機は、サボテン栽培でした。家屋敷のあった堤外地は、1年に一度は水害の恐れのある地域。ここに温室を作ってサボテンを育種することにしたのです。なぜサボテンだったのか。それは、子どものころから育てていた経験に加えて、狭い場所に栽培できて、増水の際は楽に運び出せる植物だったからです。また販売するときに地域の園芸業者と競合しなかったこともサボテンを選んだ理由でした。苗を実生《みしょう》から育てて、祭りの市で販売したら、1日で当時の月給と同額が売れたというのです。「本当にうれしかったですね」。その後、現在地に26アールを購入し、仙寿園として独立し、育種家としての道を歩み始めます。

新しい花卉を求めて世界へ

独立後は地域の主要栽培花卉であるツツジやシャクナゲの育種や品種改

▲珍しい花を求めて南米ギアナ高地ゴンドアナ大陸の秘境へ（1997年）

良に取り組む傍ら、新しい花卉を求めて、海外への植物ツアーを開始しました。もともと植物ツアーへの好奇心が強かったのですが、それだけではありませんでした。園芸の分野はブームに左右され、常に新しい花卉を提供していく必要があったのです。「新潟で育種の可能性がある新しい花卉があるかもしれない」。そんな思いが木口さんの眼を世界へと向けさせたのでした。

最初の海外渡航は1979年、中国の雲南省へ。訪れた地域はすでに開発が進んでいて、期待通りの植物には出合えませんでした。しかしその後も植物ツアーは続き、台湾、オーストラリア、ニュージーランド、南アフリカ、ブータン、南米ギアナ高地、韓国、ヨーロッパなど、現在までに18回を数えています。

台湾ではタカサゴユリの種を入手したり、ブータンでは香りがよい黄ボタンに巡り合えたり。ギアナ高地のテーブルマウンテンでは、珍しい食虫植物やミズゴケ、ランの種類など、これまでに見たこともないような植物に触れることができたといいます。「珍しい植物を見つけたい」と思う一方で、新潟で育種できる植物を見つけるのは、容易なことではありませんでした。

例えば南アフリカのケープタウンでは50種類の種を持ち帰ってきていますが、商材になったのはわずか2種類。

そんな植物ツアーの中で出合ったのがクリスマスローズでした。

隠れている遺伝子に期待

小林デパートで最初にクリスマスローズに出合ってから44年後の1991年。RHSJ（英国園芸協会日本支部）の研修旅行でクリスマスローズに再会。イギリスから日本に持ち帰り栽培を試みましたが、雪解けの水たまりのため、ほとんどを枯らしてしまいました。クリスマスローズの印象が変わったのはその3年後。植物学と園芸の第一人者である荻巣《おぎす》樹徳《みきのり》氏が英国園芸協会に表彰されることになり、イギリスへ荻巣氏に同行。エリザベストラングマンやロビンホワイトのナーセリーで、華やかなパーティードレスと出合ったのです。そのクリスマスローズはこれまで見たこともない華やかな色彩と、かれんな八重咲きの花弁を持っていました。同行したほかの人たちとパーティードレスを入手。咲いている株を植物検疫のために根を洗い、トランクに積め込んで持ち帰ってきました。

実は木口さんは、入手したこれらの苗が一流品ではなくて二流品であることを知っていました。最高品質は親株として保持し、販売はしないのです。それはナーセリーとしては当然のこと。しかし木口さんは二流品に隠れている一流の遺伝子に期待をしていました。

その後、渡英するたびに新しい品種を購入。それらを交配させ、その中から当時、ダブル咲きやセミダブルの黄花などの珍しい花が咲き、そして次第に赤のシングルやダブルの花や糸ピコティーなどの新しい種類も咲き始めました。「最初に見つけた時はびっくりしました」。イギリスのナーセリーが販売したがらなかったような形質の上等なものが出てきたのです。ハウスの中で新しい花を見つけるたびに、二人三脚で苦労を共にしてきた奥さんと喜びを共有したといいます。**「こうした新しい花に巡り合うことができるのもクリスマスローズ栽培の楽しさです」。**

日本人に好まれる「木口交配」を確立

木口さんの交配の課題は、うつむき加減に楚々《そそ》と咲く日本人好みの花を作ることでした。出荷する一方で親株として手元に残す選抜基準は、

①丸弁でカップ咲き
②花首がしっかりしていて横向き
③色彩が鮮明。

この三つの条件がそろっている株でした。色彩は特に淡い桜色にこだわっています。日本人は微妙な色合いに名前を付けて区別するほど色彩に敏感な国民です。色合いのわずかな違いを楽しむ心を持っているといわれています。**「特に花弁の先端から付け根まで、かすかなグラデーションのある花には色気さえ感じられます」**と木口さん。現在、木口さんが交配した株は「木口交配」として新潟県内はもとより、全国に送り出されています。

「木口交配」の特徴はこうした花や株の形状だけではありません。実生で育てた場合、花がつくまでに3〜4年はかかります。これまでの20年

▲オリジナルの木口交配を陳列（2009年、国営越後丘陵公園で）

間で、地中海沿岸地域で生まれたクリスマスローズが徐々に新潟の高温多湿の気候に順化してきているというのです。将来は新潟で芽吹いた新潟発のクリスマスローズが国内だけでなく、海外へ輸出される日が来るかもしれません。

「自分好みの花を創り出すことができるのも育種家の特権」という木口さん。その意味では育種の仕事は花卉の未来にかかわっているといいます。信条は**「園芸屋でなく、園芸家になれ」**。育種は時間がかかるもの。植物を単なる商品としてだけ見るのではなく、動物を育てるように手をかけて育て、さらに植物の性質や故事来歴をよく知り、管理方法を把握して実践しなければならないといいます。**「新潟にこうした育種家が育っていけば、私たちの仕事も未来につながっていくことでしょう」**。

木口ナーセリーには花談義や育種管理を問い合わせる客が絶え間なく訪れてきます。**「自分が定めた道は間違っていなかった」**と振り返る木口さん。今後は育種を縮小して、後進の育成に力を注いで行く予定だといいます。

「育種の仕事は動物を育てるのと同様やることがいっぱい。植物を単なる商品として見るのではなく、育てていくことが大切」と力説する木口さん

新しい花を求めて

交配と育種

◆木口 一二三

花作りの楽しみの中で、単に花色や花形、香りを愛《め》でるとか、育つ過程を楽しむばかりではなく、今一歩ロマンを求めて交配により、新しい自分だけの花を創り出すという楽しみがあります。

私も60年の花作り人生の中で、一番大きな楽しみは交配による新花の作出であったと思っています。その欠点は時間（年月）がかかることですが、クリスマスローズは種子から花を見るまでに満3年、交配からは4年です。狙った花が咲くのに2代を重ねなければならないので、少なくとも7年から8年かかって、ようやく狙った花、もしくは狙いに近いものが数株できる予定です。

園芸種であるハイブリダス（一般に通用している開花苗）は、すでにいろいろな原種の交配が重ねられた結果ですから、遺伝子も複雑ですので、メンデリズムの図式とおりとはいきません。

それで私の考え方として、大ざっぱに1代目の実生は両親の花色、花芸を足して2で割った程度の花。この1代目の自花受粉か、同交配の異個体同士の交配で咲いた2代目の中から狙いの花か、または狙いに近いものが咲くと考えており、中には予想以上のよい花が出ることもある、というのがハイブリダスの交配であると考えています。

いずれにしろ2代目交配の4分の1が狙いに近いものと考えればいいでしょう。

交配親に使用した個体の2代以前までの花色、花芸が分かっていると、いい花作りの確率がグンと上がることは論をまちません。原種同士の交配であれば、答えはメンデルの法則どおりでありましょう。

自分の望むとおりにオリジナルマイフラワーができたときは、まさに花作りとして最高の喜びを味わうことができました。

交配に当たっての心得

1 交配は開花初日か遅くとも３日目くらいまでの花で、時間帯は朝のうちが結果がいいようです。

寒い時期なのでハチは飛んでいないことを前提としています。クリスマスローズは雌しべ先熟で、開花と同時に雌しべは受精能力を持っており、雄しべの方は開花後２～３日遅れて外周の雄しべから葯《やく》が開いて花粉が出るようになります。一輪の花の中で、雄しべの花粉が出る頃から雌しべの受精能力は終わりに近くなります。

2 開花始めの１番花、２番花あたりは受精能力が高く、３番、４番と遅い花ほど受精能力は激減し、種子が採れにくくなります。

3 交配に当たっては、親として使う有望な株をできるだけ手元に集めておく必要があります。花を見てから新しい花へのイメージがわくことが多いので、あらかじめ未来の花に生かしたい花を多く寄せておきます。園芸売店などを見て回り、よい花を手に入れておくといいでしょう。

4 細胞質遺伝というのもがあり、本来の遺伝子による遺伝とは別に、体質は母系に似る傾向があるといわれます。

耐病性が強いとか、花形、木姿など気に入ったタイプを種子親に選ぶといいと思います。

5 花色の濃い色やブロッチなど、汚れは優性に遺伝する傾向があるので、心得ておくといいでしょう。

ただし、本当のところはやってみないと分からないもので、スポットの入った白花にピコティーをかけたら、ピコティーに咲いたものはスポットが入らず、スポットの入った花にはピコティーがのらなかった経験があります。

6 イメージのわかない交配はしないことです。何でもいいからやってみる、では目的がはっきりせず面白くありません。新しい何かを求めて、イメージした目標は決めたいものです。

それでもなかなか予想どおりとはいかないものですが、予想外のプラスアルファという花もあるので、そこが面白く楽しいところです。

交配

クリスマスローズの1番花、2番花の咲く頃はまだ寒い冬期で、自然交雑の恐れのあるチョウやハチなどはいませんが、暖冬などで早めに飛んでくることもあるので、交配は開花初日の朝が最良でしょう。

種子親（母本）の花の柱頭へ花粉親の花粉をたっぷりと、ほかの花の花粉が付く余地のないくらい塗り付けてやれば、袋掛けの必要はありません。交配の組み合わせを記したラベルだけは重要ですから（♀○○○×♂○○○）と書いて目的が分かるように付けておきます。

受精から採種と種子の処理

交配して受精したものは日に日に子房が膨らみ、5月下旬頃になると莢《さや》が割れて種子がこぼれ落ちるので、その前に袋掛けをして種子の散乱を防止しなければなりません。

採れた種子は交配ラベルを付けて採り播きするか、でなければ殺菌剤のオーソサイド（キャプタン）800倍液か、ベンレートの2000倍液に一晩浸漬した後、網袋のまま乾燥させないよう大鉢に鹿沼土などを入れた中へ埋め込んで、ときどき水をかけて播き時まで日陰で管理します。

播種（実生の仕方）

時期は10月上旬頃、もう真夏の暑さがぶり返さない頃合いを見定めてから、鹿沼土、赤玉土、バーミキュライトの単用または混合で、汚れのないきれいな用土を準備します。容器は4号鉢程度が適当と思います。というのは、まさかの苗腐れが出たとき、被害が少なくて済むようにとの配慮です。

用土を容器に6分目くらい入れたところへ種子をばら播きします。粒数の少ない貴重な種子は仕切りをしっかりして、筋播きします。このとき、ほかの種子と混じらないように十分間隔を空けて播き、交配組み合わせを書いたラベルを挿しておきます。

大量の種子の場合は、おおよそ150粒くらいが4号鉢内に播けます。播き終えたら、その上に5ミリから10ミリ覆土をしてオーソサイドの800倍液をじょうろでかけてやり、発芽してくるまで日陰で乾きすぎないように管理します。通常、ビニールハウスの場合、2月頃になると双葉が生えそろいます。この頃には十分日光の当たる場所で管理し、軟弱な苗にならぬよう注意します。

双葉が開いたらヒゲ根が出ないうちに、早めに7・5センチのポットに1本ずつ植え出しします。このときの用土は赤玉土5、腐葉土3、軽石2のところへ、この用土1リットル当たり5グラムほどの消石灰または苦土石灰を混ぜてやります。ピートモスを混ぜる人もいますが、根作りの観点からは混ぜない方がいいと思います。

この後は1週間ほどで活着しますから、週1回くらいの割合で、NPKが10・10・10くらいの割合の液肥の1000倍液を施用します（「栽培暦」42ページ参照）。

苗選びについて

○交配種子の実生苗の植え出しに当たっては、強くてしっかりした苗はもちろん植えますが、やや弱そうに見えるものも全部は捨てないで植えてみる必要があります。

○種子から満2年で開花した花は株がまだ成熟していないため、本態の花でない場合が多く、新しい花の選抜をする場合、やはり満3年育てて花を確認したいものです。

○実生満3年の開花株で割りと葉が小ぶりで、葉数がたくさん出ている株があります。こういう株は芽数が多く、分かれやすいために芽が小さく、立派な花が咲きません。よほど面白い花でなかったら欲しくない株です。

苗選びの基準 （木口交配の５カ条）

参考のため、私の育種選抜５カ条を記します。

①花首しっかり横向きに。（花模様が見やすいように）

②丸弁幅広で各花弁が豊かにオーバーラップして咲くこと。

③花形がカップ状に抱えていること。（慎ましやかな花形）

④花色鮮明であること。

⑤日本人好みの渋い、淡い、粋な、色彩に重点をおく。

（以上ですが、もちろん反対の引き立て役の花も重要であることは言うまでもありません）

○育種と苗選びの基準を参考に、読者の皆さまもぜひマイ・クリスマスローズ作りに挑戦してみてください。

売店での一般的な苗選びのポイント

〈よい苗の条件〉

茎葉の肉厚、短矮でしっかり締まっていること。葉に病気が付いていないこと。元気で全体に艶があり、根張りがよいもの。前記の条件と逆のものは悪い。

〈輸入のチベタヌスなどの場合〉

束にされて送られてくるので、葉が傷んでいないものや根を切り詰めてないものを選ぶ。

〈ハイブリダスの１、２年苗の場合〉

前記条件のほか、１年生のときの葉が系統にもよりますが、裂片が丸みのある形のものは丸弁良形が多いものです。植えられているポットの用土にピートモスがたくさん入っているものは、根のために感心しないので避けた方がいいでしょう。

中野節子さんが教える「クリスマスローズの楽しみ方」

クリスマスローズの花言葉は「癒やし」です。

この季節しか咲かないクリスマスローズを生活の中に取り入れて、穏やかな時間を持ちたいですね。

「アレンジメント」

クリスマスローズはおしべやネクターが散った後も3カ月近くは花を楽しむことができます。鉢や地植えで咲かせておくこともできますが、結実すると根が弱くなるので、結実前に茎や花首のところをカットして、アレンジメントとして使ったらどうでしょう。長く楽しめますよ。

お客様を迎えるウエルカムボードを華やかに演出

すてきな日に彩りを添えるオリジナルコサージュとブーケはいかが?

水に浮かべてお客様をお出迎え

ちょっと豪華にクリスマスローズの花束を

ミモザを加えて同系色ですっきりとまとめてみました

こんなアレンジメントに出会ったら、心が温かくなりそう

クリスマスローズも洗面台でちょっと一休み

うつむき加減のクリスマスローズですが押し花にするとこんなにも華やかな表情に

「押し花の作り方」

クリスマスローズがもつ本来の色合いをそのままプレスしてしまいましょう。いつもは下向きでおとなしいクリスマスローズが驚くような美しい表情をみせてくれます。紫や黒系の花がきれいに仕上がるようです。

1

●新鮮な花を花首からカッターで切りとります

4

●その上に押し花専用マットを重ねます

5

●その上に重しとして書籍などを重ねておきます

2

●つぼみはカッターで半分に切り、雄しべと雌しべを切り離します。開いた花は雄しべと雌しべ、ネクタリーをつけたままでプレスできますが、それぞれを切り離して別押しし、最後に合成することもできます

3

●切り取った花びらや雄しべ、雌しべなどを押し花専用マットに重ならないように並べます。並べるときは花びらが折れないように注意しましょう

6

●重しをして1週間、マットの湿気具合を見て、マットを交換します。出来上がった押し花は湿気の影響を受けやすいので、専用の密閉袋か密閉式のビニール袋に保管し、乾燥材を入れておくと効果的です

7

●アレンジして作品にします。額、コースター、絵はがきなど自由な発想で楽しんでください

「プリザーブドフラワーの作り方」

中野節子さんが教える「クリスマスローズの楽しみ方」

クリスマスローズで新感覚のプリザーブドフラワーを作ってみてはいかがですか。クリスマスローズのアンニュイな雰囲気が普段使いのアクセサリーや花束にピッタリ。ここでは脱色せずに、花本来の色を保ったまま脱水をする日本バイオ株式会社製の「ビオナチュレ液」を使いました。

1

新鮮な花を花首からカッターで切り離します

好きな色に染めるとアレンジの可能性が広がります！

好きな色に染めたい場合は、脱色と脱水をするタイプのプリザーブドフラワー加工液を使ってください。ピンク系やブルー系に色分けして1〜2日間液体に漬けます。元の色を少し残した状態で脱色し、好きな色の液につけて染めます。本来のクリスマスローズにはない色に着色できるので、アレンジの可能性が広がります

4

液から取り出して、ザルのような目の粗いものに並べ、直射日光を避けて風通しのいいところで約2日間乾燥させます

5

花弁の付け根にワイヤ（24番）を挿し、フローラーでテーピングします。ワイヤの先を斜め切りにしておくと作業がやりやすいでしょう

2

●花をプリザーブド加工液に漬け込んで脱水させます。漬け込む時間は約1日間

3

●脱水した花は少し硬めになっています。液から取り出したらコーティング液で1日間漬けます。膜で覆われるために光沢が出てきます

6

●テーピングした花はオアシスに挿しておきます。これらをブーケやコサージュなどにアレンジします

7

●ブーケにアレンジして出来上がり

第3章

雪国からの贈り物

新潟発クリスマスローズ

●クリスマスローズに魅せられて…
●新潟のクリスマスローズナーセリー

クリスマスローズに魅せられて…

新潟クリスマスローズ生産者のそれぞれの物語

より美しい花を咲かせたいと願いを込める受粉作業。
芽を出したばかりの双葉に残る朝の露。
春夏秋冬、休みなく続く水やりや草取り。
そんなある日、目にとまった一輪のクリスマスローズ。
愛らしく、しかも華やかに咲いている。
妖精のようだとその横顔に胸をときめかせたり、飽かず眺めたり。
「うちのハウスの中で咲いてくれてありがとう」。
出荷のときは「嫁ぎ先でかわいがってもらいなさい」と
娘を嫁がせるような思いで送り出す。
雪国のビニールハウスの中で展開する生産者のクリスマスローズ物語。
どうぞのぞいてみてください。

（株）日園

（有）石塚萬花園

小枡園

高正園

梅長園

丹後花園

（株）新津園芸

細川豊生園

樋口芳香園

長井長周園

斉藤喜光園

田中四興園

本間花卉園

塚田園芸

紅月園

小泉園芸

グリーンピコティーフラッシュ　ヨーロッパの小さなお店から新潟に。その子供がこんなにもたくさんの花を咲かせた。見応えのある一鉢

ホワイトミスト セミダブル　姿がきりりとしまっていて、押し花に最適な花

ピンクフラッシュ　優しいイメージの淡いピンクの中にインパクトのある濃いフラッシュ。これからの主流になるかも

リバーシブルピコティー　裏表がはっきりしていて立体感がある

イエロー糸ピコティー　夏の暑い時期に傷んでいたのに、環境を変えたら見事なイエローの濃いピコティーが。自慢できる一鉢です

丸弁レッドダブル　薄め丸弁レッドの八重咲き。これが固定してくれるといいのですが…

糸ピコティー系丸弁ダブル　日本人好みに八重咲き。人気が高い

ピコティー　ほんのり桃色の覆輪が愛らしい

25棟のハウスのうち、7棟がクリスマスローズ用。約400個の鉢の脇にはベッド植えの親株、奥のコーナーには50ケースの育苗トレーが並ぶ。一つのハウスで株分けと実生の育種方法を見ることができる

新潟のクリスマスローズ　ナーセリー②

細川豊生園（ほそかわほうせいえん）

新潟市秋葉区

クリスマスローズが教えてくれた花卉栽培の基礎 お客様に身近な育種家を目指したい

「彩りの美しいクリスマスローズを目指します」。本格的に交配を始めてまだ3年目ですが、熱い思いを語る細川正明さん

イエローピコティー。覆輪の濃さとフラッシュがバランスよく入っています

ピンクとホワイトのバイカラー。花の姿に落ち着きが感じられ、誰が見てもきれいと感じられる花です。今後増やしていきたいと思っています

20棟余りのハウスが並ぶ豊生園の圃場。ハウスでは、2センチほどに育った実生苗を女性従業員が小さなポットにひと苗ずつ慈しむように植え替えています。「将来どんな花を咲かせてくれるのか楽しみです」というのは、本格的に交配を始めて、まだ3年目の若手育種家細川正明さん。

9年前に脱サラをして、花卉栽培の家業を継ぐことに。当時クリスマスローズは親株から分ける株分け販売していましたが、市場にはすでにガーデンハイブリッド種が出回るようになっており、細川さんも次第に交配に関心を持つようになりました。幸い、地域のクリスマスローズ部会には、すぐれた交配技術を持つ先輩が多く、木口一二三さんや高正園さんのハウスに通い、種まき、育種方法、用土や施肥の量や時期など、交配の基礎を学んできました。

交配は狙いを定めても狙い通りにいかないもの。どんな花が出るのか咲くまで分からないことがむしろ面白く、どんどん交配にハマっていったといいます。ピンクのダブルをかけ合わせて出てきたのが細川さんの第1号の八重咲きのピンク。「花が咲いたときは感動して、これを大切にしていこうと思いました」。

失敗も何度か経験しています。成長を促すために、耐寒性のクリスマスローズに温度を加え、カビが発生。肥料や水を多くやれば育つのでは、とやりすぎて根腐れしたことも。ク

グレープホワイトバイカラー。ある雑誌で見て衝撃を受け、ずっとあこがれていた花でした

薄いピンクに強烈なブロッチが入るピンクブロッチ。私の圃場から久しぶりに出たブロッチに感動

グリーンピコティー。ライムグリーンに赤紫のピコティーがきれい。私の理想に近い花色です

丸弁、中輪のイエローフラッシュ。今までのイエローの中では最も気に入っている花です

リスマスローズは実生すると、株が衰弱して次年度の花付きが悪くなるという特質もあります。「なぜだろうと思っていた時、おやじが、クリスマスローズにとって種は子孫繁栄のためのもの。相当のエネルギーを使って結実するのだと、教えてくれたんです」。そのクリスマスローズのエネルギーをもらって育種するのがナーセリーの仕事。クリスマスローズ栽培を経験することで、花卉栽培農家としての考え方や基礎技術を習得することができたといいます。

現在の取り組みは木口さんから分けてもらった早咲きの株を増やすこと。早咲きを増産することによって、クリスマス前の12月中旬から3月までコンスタントに出荷できるシステムを作りたいといいます。また3年前に交配した白いニガーの原種系にネクタリーがセミダブルになった変わり咲きが出現。「種をとって、花を固定させていけたらいいなあ、と思っています」。

新潟市植物園隣にあるフラワーランドで講座を持ち、お客様と接する機会が多い細川さん。「お客様の声に耳を傾け、フラワーランドに行けば、いつでも珍しいクリスマスローズがそろっているよ、といわれるような育種家になりたいですね」。細川さんは常にお客様の目線で花作りをしていきたいと将来の夢を熱く語っていました。

INFORMATION

細川豊生園

〒956-0057
新潟市秋葉区新津四ッ興野1704
苗の入手方法／
新津フラワーランド（生産者番号18）
主な栽培品目／
シャクナゲ、クリスマスローズ、宿根フロックス、シラン、ブルーハイビスカス、ブットレア、スピードリオン、八重咲きクジャクソウ、その他
花卉栽培の開始年／1959年

プロが教える栽培テクニック

ポイント1

クリスマスローズの育成には土がポイント。販売されているクリスマスローズ用土は関東地方向けに配合されたものが多い。新潟は関東よりも湿気が多いので、専用の用土に2割から3割の鹿沼土を配合すると水はけが良くなる。

ポイント2

日本では10月から3月頃までがクリスマスローズの成長期。成長時期が長いほうが、根がしっかり育つので、できれば10月頃の早い時期に植え替えや株分けしたほうがベター。

田中四興園のハウスの中には、夫妻のきずなと愛情で育てられたクリスマスローズが力強く咲いていた

「展示会に行っても、うちのクリスマスローズが一番です。自信があります」と田中由紀子さん。二人の夢は雑木林の公園にクリスマスローズを植えて、市民に楽しんでもらうこととか

新潟のクリスマスローズ　ナーセリー③

田中四興園（たなかしこうえん）

新潟市秋葉区

「園芸屋ではなく、園芸家になれ」という言葉を胸に歩み始めたクリスマスローズの道

丸弁カップ咲きのゴールドの交配種。特に黄色が濃くなり、茶褐色のアイも印象的。先に咲いたゴールドよりも鮮やかな花弁に「やったー」という気分です

鮮やかな赤紫色のフラッシュと同系色のベインが発達した丸弁花。フラッシュから伸びている、色の入り方が素晴らしく、ずっと眺めていたい花です

田中忠欣さんがクリスマスローズと最初に出会ったのは15年前のこと。知り合いの庭でクリスマスローズのニガーが、ひとかかえもある花束のようにすっくと咲いているのを見て「何と美しい花があるのだろう」とニガーの栽培を開始しました。それから10年、オリエンタリスには目もくれず、ニガー1本でやってきました。

　ニガーからオリエンタリス栽培に転向したのは、仲人である木口さんのバリエーションに富んだ澄んだ交配種に触れるようになってからです。木口さんは開花シーズンになると、ハウスに誘ってくれました。クリスマスローズの話をするときの木口さんの生き生きとした表情、小さな子供を慈しむようにクリスマスローズを育てている様子に触れるにつけ、交配実績だけではなく、センスの良さや生き方にも共感していったといいます。「園芸屋ではなく園芸家になれ」という木口さんの言葉に押されて、木口交配を受け継ぐことに。4年前、田中さんの新しい挑戦が始まりました。

　良いものを追求するにはセンスや感性が大切だという田中さん。「私にはセンスがないので、妻を巻き込みました」。クリスマスローズの展示会やイベントなど、どこへ行くにも夫婦同伴。花屋をのぞいてアレンジメントのデザインに刺激され、ファッションショップや雑誌などにも

極めて真っ黒に近い丸弁カップ咲き。
花弁がビロード状で角度によっては青く見えて美しい

花弁の中心に黄緑色が入ったホワイトのセミダブル。私たちの間では白雪姫と呼んでいます

濃い赤色のダブル。花弁に同系色のネットが発達している。つぼみの時から楽しみにしていた一鉢で、将来の有望株です

ピンク色のピコティー丸弁カップ咲き。このダークネクタリーは一押しです

関心を持つなど、夫婦でクリスマスローズの世界を広げてきました。「クリスマスローズのおかげで夫婦で同じ方向を向いて歩き始めています」と由紀子さん。現在、由紀子さんは新潟市花き総合センター「花夢里」でラッピングのクリスマスローズの販売を開始しています。

「クリスマスローズ栽培の面白さは、予測ができないワクワク感だと思います」と田中さん。親木から毎年咲く花に微妙な変化があり、同じ株でも花の一つ一つの表情が違います。また咲き始めと終わりの花色に変化があり、同色系の花でも少し異なっていて、一つとして同じものがないという新鮮な感動。黄色の株から突然変異でゴールドが3株出てきたときは、山の中から宝物を見つけたような気分になったといいます。小さな双葉が、ある日突然大きく成長したように思えることがあるとも。2人の話から、クリスマスローズの生命力に感動しながら育てている様子が感じられます。

「私たちにはまだ栽培実績はないけれど、数多くの良質な親株を受け継ぐことができて、本当に恵まれていると思います」と夫妻。現在の目標は、緋赤の花びらを作ること。赤と赤をかけ合わせれば緋赤になるというような単純なものではなく、木口さんからは「頭の中のパレットで、絵の具で色を作るように」とアドバイスを受けているとか。ほかにもゴールド系の大輪や、一般の消費者に受け入れられる鮮やかな基本色とマニアックな趣味家に向けた突然変異など2種類のクリスマスローズを追求中とか。「ほかの花卉に比べてクリスマスローズの交配は始まったばかり。可能性はまだまだあります」と夫妻は楽しそうに話していました。

プロが教える栽培テクニック

クリスマスローズはほかの花と異なり、根の活動期は冬です。根が活動している間に植え替えるのがベスト。遅くても3月4月に植え替えて、肥料を施す。5月に追肥し、夏は休眠期なので、肥料は不要。半日陰において、水やりに注意してください。

INFORMATION

田中四興園

〒956-0057
新潟市秋葉区新津四ッ興野1723
ホームページ／http://green-very.com/
苗の入手方法／
ホームページを通じて販売可能
花夢里（生産者番号111）
主な栽培品目／
スモークツリー、ブルーベリー、クリスマスローズなど
花卉栽培の開始年／1955年

茎が太くて背が高く、がっしりとした鉢が並ぶ小泉農園のハウス。クリスマスローズの下に敷いてあるラブシートは、水はけと通気性をよくし、湿気を一定に保つ効果がある

家族総出でクリスマスローズの管理をしている小泉ファミリー。「おじいちゃんとおばあちゃんが草取りや鉢上げなど、細かい仕事をしっかりやってくれるので、助かっています」と小泉さん。（前列右は母スミエさん、左は父善雄さん、後列妻のみち子さんと善栄さん）

新潟のクリスマスローズ　ナーセリー4

小泉園芸（こいずみえんげい）

新潟市秋葉区

小さな草も見逃さず、なるべく自然に近い形で育種 生き残った鉢だけを出荷

思わずうっとり見とれてしまうまるで妖精のようなダブル糸ピコティー

赤いドレスでパーティーの雰囲気、華麗なダブルバイカラー

小泉善栄さんが交配を始めたきっかけは4年前、木口ナーセリーのクリスマスローズ展でした。そこにはピンクや黄色の、丸弁の鮮やかなクリスマスローズが展示されていてびっくり。というのもそれまでのクリスマスローズのイメージは花弁が剣弁で、地味な色合いが多かったからです。

　このとき「とにかくやってみよう。失敗したらやめればいい」と5株を購入。木口交配の特徴であるシングルの丸弁で横向きの黒と黄色とピンクの3色を購入。知識もなかったので、目標も定めずにやたらに交配したといいます。「そんなことをしてどうするんだ」と先輩に笑われたとおり、5株からは濁ったピンクや汚い黒、グリーン系の黄色、黒が混じった中途半端な色が出てきてしまいました。

　2年目、先輩のアドバイス通り、目標を定めて交配を開始しました。当初はピンクを作るには絵の具のように赤と白を組み合わせればいい、と思っていました。ところが外見は赤花であっても白い遺伝子も持っています。目標のピンクを入手するには、まず赤と白をかけ合わせ、次に赤のF1とピンクのF1を取り出し、再びピンクのF1とピンクのF1を交配して、ようやくピンクを入手することに成功します。目標の花を得るには短くても9年はかかってしまうのです。なんと先の長い話でしょう。

　そこで自分が最初からかかわるの

魅惑的なネクタリーがぐっと虜《とりこ》にするシングルグレープバイカラー

ピンクのグラデーションがレトロな雰囲気を醸し出すセミダブルアプリコット

朝日のように明るく輝いて希望を抱かせてくれるシングルイエローフラッシュ

ほんのり色づいた柔らかさがほのぼのさせてくれるシングルソフトピンク

ではなくて、開花した花を購入して交配し、目指す花を作っていくことに。購入基準は茎が太くて、丈が長く、葉が大きいこと。しかも大輪の横向きの平咲きです。そのためか、ハウスには背が高くて、大輪の花が目立っています。

中でもいま力を入れているのが、セミダブルの糸ピコです。ダブルは花弁が散らないのにセミダブルは散ってしまいます。「将来はセミダブルを作ってみたいと思っています」と張り切る小泉さん。

栽培管理に当たって特に小泉さんが気遣っていることは2点です。それは天然に近い管理で、できるだけ薬による病害虫の防除はしないことと、まめに草取りをして菌が発生しない環境に整備することです。幸い、雑草取りを担当するのが小泉さんの両親です。小さな草も見逃さない仕事ぶりに感謝しているとか。害虫の防除もつぼみをつけ始めるころの12月に3回散布するだけ。こうした管理方法に生き残った鉢だけを出荷しているというのです。

また、種を採取するための袋かけなど、根気のいる仕事も両親の分担です。丁寧に丁寧に、家族総出で育てられている小泉園芸のクリスマスローズ。温かい家庭で良い子が育つように、ハウスの中には、健康優良児のような元気のいいクリスマスローズが目立っていました。

INFORMATION

小泉園芸

〒956-0044
新潟市秋葉区浦興野418
苗の入手方法／
・新潟市秋葉区川根の園芸販売店
・新潟市花き総合センター「花夢里かむりにいつ」(生産者番号18番)
主な栽培品目／
ミニバラ、ゴールデンピラミッド、マンリョウ、クリスマスローズなど
花卉栽培の開始年／1968年頃

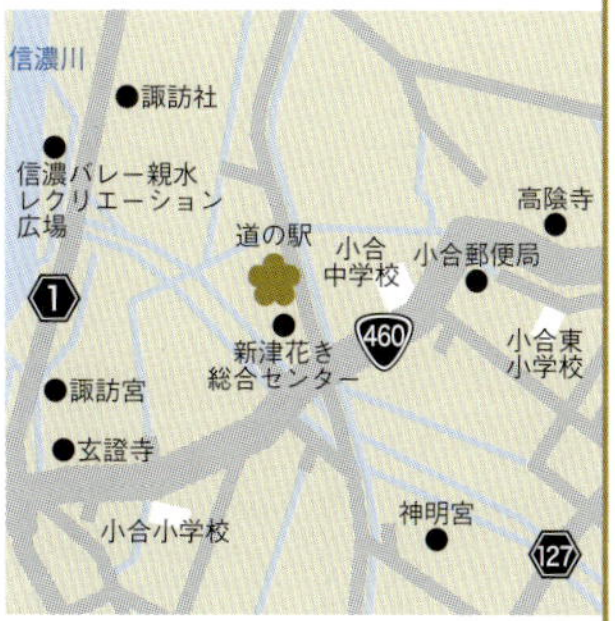

ハウスに並ぶ２年生のクリスマスローズ。今年は苗400鉢と、開花したものを50鉢出荷しました

「常に新しい植物を探し出して、新しい挑戦をしていきたいと考えています。特に生産が難しいといわれているものにも挑戦できたら、と思っています」

新潟のクリスマスローズ　ナーセリー⑤

小柳園（おやなぎえん）

新潟市秋葉区

挑戦は始まったばかり 将来は「クリスマスローズの小柳」と言われるようになりたい

かわいらしい丸い花弁は昔から日本で最も親しまれている花形です。お客様に喜んでいただける花ができた！ と思いました

さりげないピコティーが白の美しさを引き立てている。初めて見たときひと目ぼれしました

大学では遺伝子の配列に関するバイオベンチャーが専門だったという小柳豊さん。卒業以来、専門とは関係のない花卉栽培の世界に飛び込み、ツバキやサザンカをメーンに栽培してきました。3年前から始めたクリスマスローズの育種は小柳さんにとっては、さらに新しい世界への挑戦でした。

きっかけはクリスマスローズ部会の先輩からの誘いです。特に興味を持ったのは交配でした。緻密《ちみつ》に育種を重ねて、オリジナルをデザインすることができることがクリスマスローズの大きな魅力だというのです。交配のほかにも、クリスマスローズを増やす方法としてメリクロンがありますが、メリクロンにはロマンが感じられないといいます。

クリスマスローズ栽培のもう一つの魅力は、育てることが楽しいことです。授粉や鉢上げ、植え替え、施肥や遮光、出荷の準備など、1年を通じて細やかな世話をしなければなりませんが、もともと強い性質を持っている多年草なので、世話をしただけ成長を見せてくれるのもクリスマスローズの長所だといいます。

栽培を始めた当初は失敗をしたくなかったので、形質が安定していて、固定率の高い人気ブリーダーの鉢を購入しました。葉緑体のDNAは100%母方の遺伝子に偏りがちであり、特に母方の株には根回りや葉がしっかりしている健康な株を選

かわいらしいピンクのピコティー。ネクタリーのワンポイントがいじらしい

ブロッチが均等に入ったバランスの良い花弁

んで交配したといいます。翌年には300鉢の苗を販売。今年は400鉢を販売しました。

当面の交配目標は、シングルで淡い色の丸弁、カップ咲き、上向きのクリスマスローズです。珍しい花よりも、色も形もしっかりとした、消費者に受け入れられるものを作っていきたいとか。

出荷回転率の面からクリスマスローズは、ほかの花木と比べて決してよいとは言えません。ほかの花卉が8割だとすると、クリスマスローズは廃棄する株が2割、良質な株を親木として2割を残しておくので、出荷回転率は6割となります。「回転率を考慮することも大切ですが、今は良質なクリスマスローズを作ることに心が向いています」と小柳さん。

これまでの花卉栽培では量産してカタログで販売する方法をとっていて、消費者の声を直接聞く機会はありませんでした。その点、クリスマスローズの場合は、栽培農家が展示会などを開催して、直接消費者にPRをし、また消費者が何を求めているのかをリサーチすることができるのです。育種家として新しい花を創造する力や消費者に提案していく力が求められているといいます。「今後はお客様と直接取引ができるよう、インターネットなどで写真提案をしていけたらいいなあと思っています」。

シックな色合いで大人の雰囲気

INFORMATION

小柳園

〒956-0121
新潟市秋葉区横川浜3219
Eメール／
mckinley6194@hotmail.com

主な栽培品目／
ツバキ、サザンカ、クランベリー、クリスマスローズ

花卉栽培の開始年／1965年

プロが教える便利グッズ

小柳さんお勧めの便利グッズは、フェルコ社製の芽切りばさみ。「クラシックモデル」は先が長くてとがっているので、細かい茎や枝が切りやすい。手にフィットして切れ味がいいので疲れにくい。

「好きこそものの上手なれ、と言いますが、生産者は気にいるとのめりこむんですよ」とクリスマスローズ栽培の楽しさを説明する佐藤さん

新津園芸は3ヘクタールの圃場を持つ大規模花卉栽培農家。120坪のハウスの中にクリスマスローズと出荷を待つヒヤシンスやクロッカスが同居。木質ペレット暖房機が運転中で、ハウスの中は暖かい

㈱新津園芸（にいつえんげい）

新潟市秋葉区

世界に広がる新潟の花々 セールスポイントは最新の花を提供すること

桜色に赤紫のはけ模様がきれいに入っていて、端正で気品がある

小花弁がフレアスカートのようになっていて、ダブルとセミダブルの中間のような花。森の妖精のよう

新津園芸はツツジやシャクナゲ、サザンカ、スイセン、チューリップなど花卉や球根全般を取り扱う大規模園芸農家です。近年、農産物の国際化が進んでいますが、新潟県花卉出荷組合輸出研究部会の部長を務める佐藤嘉久さんも海外に市場調査やプレゼンテーションに海外に渡ることも少なくありません。

この冬には、真冬のハバロフスクへ市場調査を兼ねたプレゼンテーションに出掛けています。ロシア人の花好きはよく知られていますが、花の購入代金を人口一人当たりで換算するとロシアは日本の約6倍以上にもなり、街には日本のコンビニに相当する花屋の数があるといいます。ロシアは厳冬でも室内は暖かく、花束は店頭で断熱シートに何重にも包んで持ち帰るとか。

2008年と2009年にハバロフスクの花卉見本市にアザレアやマンリョウ、オモト、アオキなどの鉢ものを出展販売し、中でも盆栽系がよく売れたといいます。すでに新潟産のチューリップが輸出され、その品質の良さが知られており、新潟産の花卉は品種の多さと品質の高さで高く評価されています。「新潟の生産者は1人ひとりが常にオリジナリティーを持って常に取り組んでいるからだと思いますよ」と佐藤さん。

今後の輸出事業には、関税や検疫、輸送コストなど、解決しなければな

ピンク地に赤いスポットがまんべんなく入り、華やかさではほかの花に負けません

原種リビダス。年数を得てくると、株の管理が難しくなりますが、ずっと作り続けていたいと思っています

原種ステルニーのシルバースター。花数が多く銀を帯びたような葉が特徴。私の好きな品種です

らない問題はありますが、特に新潟産の商品に好印象を持っていて、将来に明るい見通しができたといいます。

「よく新潟人が粘り強いといわれますが、花卉栽培においても決してあきらめない粘り強さが美しい花、新しい品種を生み出す原動力になっていると思います」と佐藤さん。それに美しいものに対する感性の豊かさや新しい品種を作るための努力を惜しまない花卉栽培の伝統もあり、高品質の花卉を作り出したといいます。

こうした栽培センスはクリスマスローズにも生かされています。最初からうまくいっていたわけではなかったというクリスマスローズ栽培。佐藤さん自身も30年前に大失敗を経験。関東方面で苗がよく売れているという話を聞き、２０００本を仕入れて畑で育種。ところが大半を枯らしてしまい、咲いた花はあずき色の地味な色ばかり。クリスマスローズ栽培をあきらめてしまいました。

ところが２０００年にイギリスで色鮮やかなクリスマスローズを見てから「これなら売れる！」と栽培を再開。クリスマスローズ生産者と連携し、試行錯誤の結果、新しい品種を提供できるまでになりました。現在はゴールドやニゲルの最新の交配種なども提供できるようになったといいます。「次々と新しい花が作り出され、クリスマスローズの進歩には驚いています」と佐藤さん。今後は香りのある花も扱ってみたいといいます。

プロが教える栽培テクニック

肥料には「なるこ有機入り」を使用。チッソ、リン酸、カリウムがそれぞれ5%ずつ入った粒タイプで即効性があり、油カスよりも長持ち。

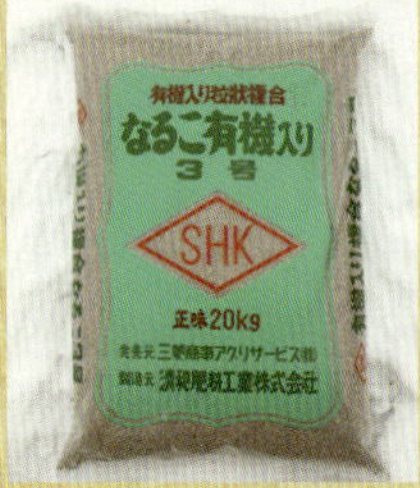

INFORMATION

株式会社 新津園芸

〒956-0044
新潟市秋葉区浦興野18番地
tel.0250-24-9945 fax.0250-24-9944
ホームページ／niitsu-engei.com
Eメール／satoyoshi@niitsu-engei.com
苗の入手方法／インターネット「はなまるねっと」で検索
主な栽培品目／
チューリップ、ユリ、ツツジ類、シャクナゲ、ツバキ、ボタン、シャクヤク、山アジサイ、カルミア、クリスマスローズなど花卉、宿根草、球根など全般
花卉栽培の開始年／1960年

ピコティーのダブル。独特の華やかさがあり、遠目からも目立つ存在です。近づいて顔を伺いたくなる花です

薄ピンクのセミダブル。小花弁がピコティーになっていてあでやか

ピンクのかすり模様のセミダブル。小花弁が広がって、ダブルのような華やかさがあります

実にシックな色合いです。このような花を楽しむことができるのはクリスマスローズの長所といえるでしょう

ピコティープラスフラッシュの欲張った特徴を示しています

花形の良い濃い黄色の花が出ました

ピコティー系。最近は花弁の外側から見てもきれいな花が出てきましたが、これもその一種

新潟のクリスマスローズ　ナーセリー 7

斉藤喜光園（さいとうきこうえん）

新潟県五泉市

朝早起きしてハウスの中で貴婦人に出会えるような幸せ やればやるほど奥深いクリスマスローズの世界

ハウスに整然と並べられたクリスマスローズ。クリスマスローズは下向きなので、1メートルくらいの高さに置くことで、目線に近づける。棚の高さで風通しと温度を調節している

「どれ１つとっても同じものがないというオンリーワンがクリスマスローズの魅力。やればやるほど、追求したくなります」と斉藤さん

薄いピンクのカップ咲きで、フラッシュとベインが入る中輪花。花びらが開くと同時にフラッシュが広がってきて、びっくり

ほんのり控えめな先端がピンクのかわいらしい中輪花。フラッシュの緑がくっきりと黄色を引き立てています

斉藤文良さんのクリスマスローズとの出合いは平成3年頃。関東のお客さんが「クリスマスローズという管理が楽な花がある」と教えてくれたことがきっかけでした。当時はシャクナゲを中心に栽培をしていましたが、クリスマスローズは設備が不要な圃場で育成でき、しかもよく売れる花だと聞いて、早速苗を購入しました。

丈夫な花だと聞いていたので、どのくらい丈夫なのか、10日間放置してみました。逆境にめげずにしっかりと耐えていたことに驚き、こんなにも強い花を扱ったのは初めてだったので、田畑でも育つだろうと苗を植えてみました。ところが新潟の夏の高温多湿とスギナの根が邪魔をして、成長が悪く花付きがよくありませんでした。当時の花はほとんどが紫のシングル。交配もやってみたそうですが、色付きが悪く、作業は単純繰り返しだったといいます。

そんな斉藤さんのマンネリを変えたのは、とあるナーセリーのハウスで出合ったパーティードレスでした。美しい花色やダブルに近い花など、それまでは雑誌でしか見たことがない本物を目にして、一気に気持ちが盛り上がり、トライしてみようと思ったのです。

それからはどんどんクリスマスローズの世界にのめりこんでいき、親株を探しに数々のナーセリーを訪ね歩きました。最初に求めたのが鮮や

ピンクフラッシュダブル。外側が濃いピンク、内側が薄いピンクにフラッシュが入り、優しい雰囲気があります。リバーシブルだと思っていたら、なんと中にフラッシュが！

花弁がひらひらと風になびくような花型で、絞りのような覆輪が美しいゴージャスなダブル。よく、うちのハウスで咲いてくれました！

イエローピコティーダブル。濃い黄色のダブルに、華やかなワインレッドの覆輪が入り、私の中では冬の女王です

ホワイトピコティーダブル。花弁の縁に沿って、糸状の覆輪と波打つ花弁がかわいらしいダブル。誰もが1株はほしくなる花です

かな花色でした。次にピコティに取り組み、ダブル咲きにも挑戦。今取り組んでいるのは優しい赤色のフラッシュです。濃いフラッシュと薄いフラッシュを交配して、理想とするフラッシュを目指していますが、まだ目標とする花には到達していません。

　こんな風に一つ挑戦して結果が出ると、また新しい課題が出てくる。クリスマスローズはやればやるほど奥深く、ゴールがないといいます。日々改良が進み、当初は播種から花がつくまで4、5年はかかったそうですが、現在は8割が2年で花をつけます。クリスマスローズ自体も以前から比べると、高温多湿の日本の気候にも慣れてきていますし、かなり栽培しやすくなってきているといいます。

「クリスマスローズは人間と同じです」と斉藤さん。交配によって花色、形、大きさなどタイプの花が生まれ、運が良ければ珍しい花に出合うことができます。花が咲く時期になると朝早く起きてハウスに向かいます。いい花を見つけると、すてきな女性に出会えたような幸せを感じるといいます。

「新潟でクリスマスローズを栽培することができて良かったですよ」と斉藤さん。というのは、周囲には栽培ノウハウや知識、花への情熱を持っている仲間が多く、雑談をしながらも情報交換ができるという環境に恵まれているからだとか。花の開発や流通システムの変革など、積極的に花に取り組む仲間がいる環境が自慢であるといいます。

プロが教える栽培テクニック

肥料には、全国農業協同組合連合会（全農）の「IBS1号」を使っている。根痛みが小さく、無臭で安価。

・5～7粒を2～3回

・有機肥料も併用

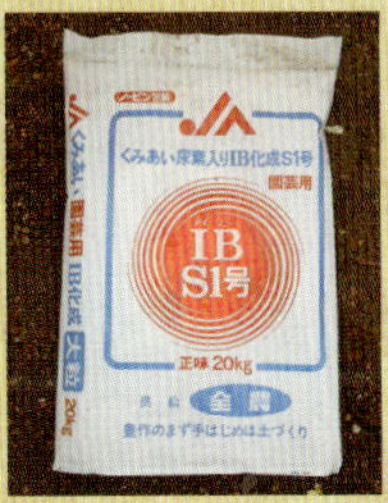

INFORMATION

斉藤喜光園

〒959-1604
新潟県五泉市論瀬1973
tel.0250-43-4033　fax.0250-43-5773

主な栽培品目／
花卉類………シャクナゲ
宿根草各種…クリスマスローズ、ダイモンジソウ、ウメバチソウ、イワシャジン

花卉栽培の開始年／1975年

「クリスマスローズはほかの花卉栽培と違って、計画通りにはいかない分、面白さがあります」と斎藤友幸さん

ハウスいっぱいに咲き誇るクリスマスローズ。網状のエキスパンダーの上に置いて地面との間にすき間をつくり、風通しをよくする

新潟のクリスマスローズ　ナーセリー⑧

紅月園（こうげつえん）

新潟県五泉市

取り組み始めた クリスマスローズ 商品価値ある 花形づくりを目指したい

白のスポット

ピコティーのダブル咲き

父親の花卉栽培を継承して5年目という斎藤友幸さん。栽培の主体はシャクナゲやツバキ、カルミヤなどの花木であり、宿根草を扱うのは初めての経験。ほかの分野ものぞいてみようと、勉強するつもりで取り組んだのがクリスマスローズ栽培でした。

当初は譲り受けた苗を1、2年育てて出荷していましたが、3年ほど前から交配を開始。華やかなシャクナゲなどと比較すると「クリスマスローズはなんて地味な花だろう」とか、「なぜ売れるのだろう?」と疑問に感じていたそうですが、交配を始めるようになってから、買って下さるお客様の気持ちがわかるようになったといいます。

咲いている姿は地味ですが、花をのぞくとハッとするような美しさ。しかもどの花も一つとして同じものがなく個性的です。特に今年（平成22年）は、自ら交配をした種から花が咲き、赤や白やピンクのダブル咲きがハウスの中をにぎわしています。昨年には華やかでインパクトのあるピンクのブロッチ咲きを目指して種をまいたとか。まだその結果は出ていませんが、こうした自分の好みや珍しい花を求める一方で、当面はお客様に買っていただける商品を作っていきたいとも。「とりあえず目標は自分が交配した花を固定化し、商品化することです」。

ほかの花卉では接ぎ木や台木のポ

黄色のスポットダブル咲き

剣弁のグレー

白のダブル

ット上げ、芽を切るピンチ作業など手間がかかりますが、それと比較してクリスマスローズは手間がかからないといいます。主な作業と言えば、施肥と病害虫の予防、遮光と風通しのためにハウスの開閉をすることです。ただ草取りは大変とか。怠ると見た目が悪いだけではなく、それぞれの鉢の湿度が均一にならないために、発育に差が出たり病害虫が出たりすることも。

病害虫の予防には、月に1回は水溶性のオルトランなどを散布し、新芽が出る時期や、蒸し暑い時期などは割と頻繁に散布しているといいます。ハウスの中では大量に育てているので、カビや害虫は最大の敵ですが、もともとクリスマスローズは丈夫な植物。「消費者の場合は風通しや遮光に気をつければ、よく育つはずです」と斎藤さん。

紅月園のハウスの中では雪の晴れ間から降り注ぐ陽光に、これまで身を縮めていたクリスマスローズが一斉に開花しています。クリスマスローズもハウスいっぱいに咲くと圧巻です。

ニガーの中心部

INFORMATION

紅月園

〒959-1761
新潟県五泉市本田屋2074

主な栽培品目／
花卉類………シャクナゲ、カルミヤ、ツバキ
宿根草各種…クリスマスローズ

花卉栽培の開始年／1970年

プロが教える栽培テクニック

クリスマスローズを購入してきたら、すぐに鉢やポットから外して根の具合を見てみましょう。根が鉢にいっぱいに回っているようであれば、すぐに植え替えましょう。植え替えないと花が小さくなり、根腐れを起こす心配があります。クリスマスローズは根が張る植物なので、植え替えにはふた周りくらい大きな鉢がよいでしょう。出荷前に植え替えられた鉢ならば植え替えは不要です。（植え替え方法については、53ページを参照）

ハウスの中にはプラグ苗、実生苗の床がずらり。花をつけたクリスマスローズに交じって、ダイモンジソウや雪割草のかわいい花が咲いている

新潟のクリスマスローズ　ナーセリー⑨

㈲石塚萬花園（いしづかまんかえん）

新潟市秋葉区

クリスマスローズの可能性は まだまだこれから 生産者が開発、流通、販売までの 総合的な力を発揮

スタッフの首藤洋さん（左）と。「クリスマスローズの魅力は交配によって見たこともない花と出合えることです」と首藤さん。石塚さんは「経営を考えるとマニアックなモノにははまらないようにしないとだめですね」

セミダブルピコティー。固定率を高め、小花弁をもっと大きくしていきたい

銀葉のニガー。白いニガーの中からこれを見つけた時はびっくり。銀葉のニガーは珍しく、2009年度日本クリスマスローズ協会から奨励賞を頂きました

２０１０年、池袋のサンシャインで開催されたクリスマスローズ世界展で石塚萬花園の鉢が2点出品されました。白いニガーの銀葉とピンクのニガーの照葉という珍しいものです。そのうち銀葉のニガーは奨励賞を受賞しています。

バラエティーに富んだクリスマスローズから珍しい育種家向けまで、広く手掛けている石塚正樹さんが本格的にクリスマスローズに取り組んだのは9年前、イギリスを訪れたことがきっかけでした。クリスマスローズ部会のメンバーと雪割草の展示のゴールドメダルの授賞式に参加したのです。その時にクリスマスローズで有名なアッシュドナーセリーの展示会に足を延ばしました。ここでパーティードレス系の花を初めて見て、そのかわいらしさに驚いたといいます。それは小ぶりながらもダブルの優雅な花だったのです。当時イギリスではアッシュドナーセリーの花は最も人気があり、購入するにも奪い合い状態だったのですが、3株を獲得し、ほかのナーセリーの苗を10株ほど購入して、13株を持ち帰り、交配をスタートしました。

交配4年目、イギリスで購入したパーティードレスの交配の中から、小輪多花性の白八重咲きの花が出現。これに石塚さんのお父さんの名前「ハジメ」と名前を付けました。さらにダブルのピンクが出現し、お母さんの名前の「タイ」と名付けて

照葉、ピンクのニガー。
花も葉も楽しむならこれです

イギリスで購入したパーティードレスの交配から出現。
父の名前「ハジメ」と命名しました

白い花弁に赤紫のダークネクタリー。外側からは白にしか見えないが、こちらに向けると目が覚めるような美しさ

います。

並行して関東の園芸会社から種を1万粒購入。固定率が高いシングル咲きの種でしたが、プラグ苗から9センチのポットに鉢上げして出荷していました。当時は苗の状態でも飛ぶように売れましたが、最近は花を見て買う人が多く、その意味で今が転換期だといいます。

「経営的にも新機軸を考えなければいけない時期に差し掛かっています」と石塚さん。クリスマスローズも美しい花を作り出すだけではなく、スピードが要求される時代とか。これからの生産者はこれまでの流行だけに頼るのではなく、生産者自身が流行を作りだし販売するまでの総合的な力を発揮して、スピードアップを図る必要があるのだといいます。そこで最近、クリスマスローズ部会がまとまって、各地で展示会やイベントを積極的に開いて新潟の高品質なクリスマスローズを直接お客様にアピールしています。

「今後はダブルのゴールドや二季咲きや香りの花、ダブルのリビダスなど次々と登場するでしょう」。また、花がバラエティーに富んでいるのと同様、葉も柔らかい葉、堅い葉、斑《ふ》入りの葉など個性的な葉にも関心が集まっているといいます。もともとクリスマスローズは丈夫な植物。花のない夏の間も、元気に葉を広げて庭の木の下草の材料としても適しているとも。「将来は公園などの下草の材料として選ばれるようになってくれるといいのですが」。石塚さんはクリスマスローズの可能性はまだまだこれからだとみています。

ニガーのセミダブル。矮性《わいせい》で野趣味があり、雪に耐えるので、庭先によく合う

INFORMATION

有限会社 石塚萬花園

〒956-0046
新潟市秋葉区出戸101-3
tel.0250-22-9505 fax.0250-22-9888
苗の入手方法／
花夢里（かむりにいつ生産者番号104）
コメリホームセンター新潟県内大型店
主な栽培品目／
山アジサイ、ダイモンジソウ、日本サクラソウ、クリスマスローズなど
花卉栽培の開始年／1972年

濃い黄色の糸ピコティーの最新花。3年後が楽しみです

イギリスから導入したピンクのダブルをかけ合わせてできた中輪のダブル。母の名前をとって「タイ」と名付けました

イギリスのアッシュドナーセリーから導入したネオン。ゴールドから生まれた最先端の花です

イギリスのアッシュドナーセリーから導入した黒いダブル。その素晴らしさに精力的に交配しました

濃い色のフラッシュが美しいダブルのバイカラー。最新花のグループで、今後自家交配の親株になります

ガーデンハイブリッドの実生苗

ヘレボルスチベタヌス。中国で自生するクリスマスローズの原種。白に近いものから濃いピンクまで色の幅が広いが、この個体は花色が濃い

ティアラのようなゴールドの大輪。丁子花

雪の中でも初春の光を受けて、クリスマスローズが一斉に芽吹き始めた丹後花園のハウス

新潟のクリスマスローズ　ナーセリー⑩

丹後花園（たんごかえん）

新潟県胎内市

お互いに高め合える花仲間がいる生産地の良さ室内観賞用として、小輪のダブル咲きを目指したい

「クリスマスローズ栽培はとにかく楽しいです。目標はリビングに合うような小輪のダブル咲きグリーンとパープル、アプリコットと複色の花の固定化です」と丹後英彦さん

剣弁が良い結果をもたらした端紅《つまべに》の八重咲き花。花の裏側も端紅になっていて、ハウスの中で目立っていました

黄色地の糸覆輪花。花弁数が増えるともっとふっくらするでしょう

八重咲きピンクの小輪をたくさんつけた鉢が目を引く丹後花園の事務室。「この鉢が私の求めてきたクリスマスローズです」とうれしそうに話す丹後英彦さん。クリスマスローズというと、耐寒性に強いという印象があり、涼しい場所に置いた方がいいのでは、と思われがちですが、暖房の効いた室内でも花弁が落ちないので長く観賞できるというのです。特に華やかなダブル咲きは、現代の生活に合った室内観賞用としてもすぐれた花であると話す丹後さん。そう言われてみると、シクラメンのような豪華さはないけれど、貴婦人のような確かな華やかさが感じられます。

子供のころから花が好きで、小遣いで球根を買い、花栽培を楽しんでいたという丹後さん。趣味が高じて31歳で公務員から花卉栽培農家に転身。折しもサツキブームで、シャクナゲなどを主に栽培していました。

ところが10年ほど前から花卉栽培仲間がクリスマスローズの栽培を開始。話についていけないことが残念で、3000本を購入したのが8年前の67歳の時でした。当時は1年生の苗を購入して1年間育てて出荷していましたが、あまりの人気に苗の入手が困難になり、仕方なく6年前に交配を始めたというのです。各所から親株を譲り受けて交配。毎年のように多様な花をつけてくれるクリスマスローズに次第に力を入れるよ

明るいピンクの八重咲きで円弁花。
満開の桜を思わせる早咲きの美しい花です

外弁の濃い紫色と内弁のうす緑に重厚さが感じられる複色八重咲き花

ピコティー系のアネモネ咲き。セミダブルの小花弁が大きく、存在感のある花です。今私が目指しているのは、小花弁が落ちない個体づくりです

大輪の白花にすっきりとした糸覆輪が入ったピコティー咲き。中心部の緑色がすっきりしていて、ネクタリーも明確に出ています

うになってきました。

クリスマスローズ仲間に遅れること約10年。後発なので、自分がやれることは何かと考え、室内観賞用に、ダブル咲きの小輪に的を絞って交配を試みてきました。孫の交配種の中から、端紅《つまべに》のダブル咲きや赤のダブル、照葉タイプのダブル咲きなど珍しい鉢も出ています。「これからはさらに、複数の色を持つ花弁を増やしてみたい」と張り切る丹後さん。それと同時に、狙いを定めた花弁の固定化も目指しており、3年後が待ち遠しいとか。

「私はクリスマスローズ栽培については全く失敗がありませんでしたね」と丹後さん。その理由はクリスマスローズ仲間の風通しの良い交流があり、用土や水やりなどクリスマスローズ部会の会員たちの経験から編み出された栽培方法を提供してもらったことが、大きく役立っているからだとか。丹後さんはその情報をもとに独自のやり方を追求して、茎が丈夫で葉やつやつやした株を増やしていきました。

産地の交流は、クリスマスローズ栽培以前からのものであり、成功も失敗もフランクに出し合って、花卉仲間同士が全体として高め合ってきたのが現在にいたっているとか。「産地の良さはここにあると思います」と。クリスマスローズ部会には世代交代も始まっており、「若い世代が活躍するのが楽しみです」。若い世代にエールを送る丹後さん自身も、クリスマスローズ栽培が楽しくて仕方がないという様子です。

INFORMATION

丹後花園

〒959-2654
新潟県胎内市本郷6-20

主な栽培品目／
ハーデンベルギア、クロウエア、クリスマスローズなど

花卉栽培の開始年／1968年頃

プロが教える栽培テクニック

土づくりのときに肥料としてマグアンプを使用。一般的には1リットルに2グラムとなっているけれど、リン酸が多くて花芽の分化を促してくれるので、1リットルに3グラムから4グラムを配合。花が咲く4月頃と成長を始める10月頃に緩効性の肥料を上からおいておくとよい。

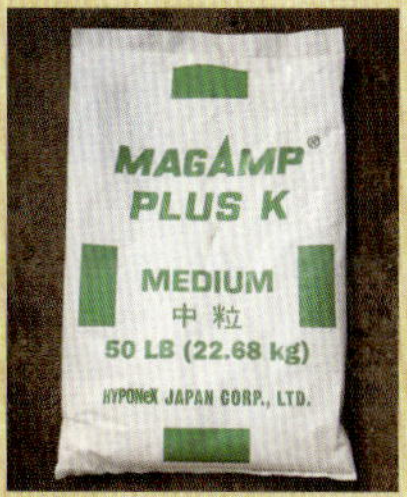

長周園のハウスはガラスやファイロンを加えると全部で8棟。霜が降りたハウスの中で鉢上げしたばかりの小さな苗がけなげに育っている

長井周一さんと妻の志律子さん。「クリスマスローズの特徴はバラエティに富んでいること。今後は鮮やかな花から原種との交配による地味な花まで幅広く挑戦していきたいと思っています」

新潟のクリスマスローズ　ナーセリー⑪

長井長周園（ながいちょうしゅうえん）

新潟市秋葉区

開花を待ちわびる感動が
ずらり写真に
品種改良に終わりがないことも
魅力の一つ

丸弁で中輪タイプのカップ咲き。白いピコティーとピンクのダブルをかけ合わせて作った、私の理想の花です

濃い赤の覆輪が入るダブル。花弁の内側が黄色なので、覆輪が一層美しく感じられます

鉢上げしたばかりの実生苗がずらりと並ぶ長周園のハウスを案内しながら「3年後、どんな花を咲かせてくれるのか、この小さな苗を見ているだけで楽しくなります」というのは長井周一さん。葉の色や形から花の色や形が想像できるとか。小さなポットのタグには親株の特徴が記されていて、過去の交配のデータも大切に保存されています。

長周園事務所では、長井さんが撮影したクリスマスローズの写真が色鮮やかに来訪者を出迎えてくれます。すべてが長周園で開発されたオリジナルの花ばかり。咲き誇るクリスマスローズの写真を見ていると、開花を待ちわびていた長井さんの喜びや感動が伝わってきます。「まずどんな花を作りたいのか目標を立てますが、たまに突然変異で期待以上の花ができるときがあるのです」。この瞬間がほかの花卉栽培にはない魅力だといいます。

しかしナーセリーの仕事は品種改良だけではありません。それを安定供給するために固定化し、量産できるようにしなければなりません。まず交配させてからオリジナルの花を得るのに3年。優性種を選んで再び交配し、固定化を図って3年。量産化を図ってさらに3年。安定供給までで10年以上は必要だといいます。「安定供給までに時間がかかるだけに、喜びは大きいです」と長井さん。

長周園さんがクリスマスローズ栽

丸弁で薄いピンクのシングル。赤紫色のリング状のアイが際立っています

小輪のダブルを寄せ植えにしてみました。横向きにこちらを向いています

剣弁で平咲きタイプのダブル。花弁の先端にピコティーが入っていて、きりっとした雰囲気です

濃い赤紫色と白のバイカラー

培を開始したのが20年前。現在に比べると当時は花びらの形も色も悪かったそうですが、珍しさも加わり、売れ行きは良かったとか。「やはり一番神経を使うのは交配のタイミングですね」。最初に親株を設定して、交配作業に取り掛かります。めしべに遅れること1週間後に、おしべが熟しますが、風や虫が飛んでくる前に受粉をさせなければなりません。

慣れない頃は種を採るにも失敗ばかり。落としてしまったり、未熟な種をとって腐らせたり。せっかく発芽させても水や肥料をやりすぎて腐らせることも。クリスマスローズの栽培を契機に、メンデルの分離の法則なども勉強してきました。遺伝のメカニズムが分かるようになり、ますますクリスマスローズが好きになったといいます。

これまでにピンクと白い糸ピコティーを交配し、ピンクの糸ピコティーを作ったり、アプリコットのダブルと濃いピンクを交配して、赤いダブルを作りだしたり。「クリスマスローズのもう一つの魅力は終わりがないことです」。一つが軌道に乗ると新しい目標が出てくる。これからは、赤はもっと透き通った赤に、黄色はもっとクリアにして固定化していくことが目標だといいます。花のさらなる鮮やかさを求める一方で、原種と交配させて、野趣味のある花や、香りのあるクリスマスローズを開発していきたいといいます。

INFORMATION

長井長周園

〒956-0044
新潟市秋葉区浦興野130
tel&fax.0250-22-5578

主な栽培品目／
久留米ツツジ、クリスマスローズなど

花卉栽培の開始年／1970年頃

プロが教える栽培テクニック

クリスマスローズは丈夫で育てやすいけれど、水や肥料をやりすぎると根腐れを起こします。成長期と休眠期があるので、年間のサイクルに合わせた管理が大切。

乙女の祈りが聞こえてきそうなハウスの中。「数日前に出荷したばかりで、今は花の数が少ないですよ」というハウスの中だが、出荷前はどんな様子だったのだろうか

「クリスマスローズの交配を始めるようになって、花卉栽培の目標が出てきました」と塚田新子さん

新潟のクリスマスローズ　ナーセリー⑫

塚田園芸（つかだえんげい）

新潟市南区

家族総出の出荷準備「いいところにお嫁に行くんだよ」と送り出す

丸弁のシングル。ダークネクタリーにフラッシュが。「あんた、かわいいね」とつい話しかけてしまいました

木口交配のイエローシングル。濃い黄色には存在感があり、私にとってはゴールドに近い価値があります

クリスマスローズの実生床では、出たばかりの芽が土を持ち上げて、ぽつんぽつん。盛り上がった土を指さしながら「ほら、ここからも芽がでかかっています」と土を払いながら、顔を出したばかりの芽をいとおしそうに見つめる塚田園芸の塚田新子さん。このハウスの一隅には、塚田さんが交配して、秋にまいた種がようやく芽吹き始めたところでした。

塚田さんが花卉栽培を継承したのが15年前。当時からハウスの隅にクリスマスローズの鉢があったけれど、ほかの花卉と比較して、存在感の薄いものでした。その後自分で交配する楽しみを知り、クリスマスローズの面白さを知ったといいます。

クリスマスローズ栽培で最もうれしかったのは、交配をしてまいた種の発芽率が良かったこと。鉢がどんどん増えて、ハウスいっぱいに鉢が並ぶようになりました。売り上げも花卉全体の30％にまで増加。交配した花がピンクのかわいい花のときは、出荷するべきか手元に残して親株にすべきか迷うこともあるといいます。

冬は出荷シーズン。現在は3年生の花がついた鉢を出荷しています。家族3人に2人のパートを加えて、出荷準備をします。セット単位で販売するために、色や形、つぼみの有無や高さ、ボリュームなど、バランスよく整えていきます。「出荷のと

丸弁で中間色の深みがある木口交配のアプリコットシングル咲きです。ちょっと控えめな女の子

木口交配の特徴を示す、まん丸の乱れのない花になりました。花の幅が広くて、お母さんの愛に包まれるような優しさを感じます

うちの農場で初めて咲いたダブル咲き。これまではシングルにこだわり、シングルだけでやってきましたが、うちの農場にダブルの歴史が加わりました

木口交配のセミダブルのバイカラー。スポットが花弁全体に出ていて、楚々とした優しさが感じられます

土の中から芽を出したばかりのクリスマスローズの赤ちゃんたち。「頑張って大きくなってね」

きには一鉢ずつ、いいところにお嫁に行くんだよと言いながら送り出しています」と塚田さん。

　クリスマスローズは出荷までに約3年。時間がかかる分、ナーセリーの仕事も多いのです。鉢上げやポットの植え替えなど、一つ一つ手作業なので、仕事が集中することが多いといいます。ほかにも害虫駆除や施肥、ハウスのビニールを上げ下げして風通しをよくしたり、夏にはハウスの中の温度を調節するために寒冷紗を上げ下げしたりと、きめ細かな手当てが必要です。鉢が多いので中には肥料をもらい損ねて生育が悪い鉢が出ることも。そんな時は「勘弁ね！」とクリスマスローズに謝っているとか。

　実は親株集めを始めたのが3年前。木口交配の種を購入して、昨年（平成21年）初めての花を咲かせたところ、ピンクのシングルや丸弁のカップ咲きなど、かわいい花が次々と咲いて、「クリスマスローズで頑張ってみよう」という気持ちに。それだけではなく、これまでは両親に言われたことだけをやっていたけれど目標が定まったことで、ほかの花卉への思いも変わってきたといいます。

　「これからはいろいろな種類のバラエティーに富んだものを作っていきたいですね」と前向きな塚田さん。特にダークネクタリーや黒い花弁の花にも挑戦していきたいとのことでした。

INFORMATION

塚田園芸

〒950-1414
新潟市南区小蔵子2050

主な栽培品目／
ヒイラギ、ツバキ、ハコネツリガネツツジ、キンズ、マンリョウ、ダイモンジソウ、クリスマスローズ

花卉栽培の開始年／1965年頃

ビニールハウスには、育成が旺盛な株がずらり。高い固定率を確立しているので、花が咲いていない鉢でもラベルと異なった花が咲くことはほとんどないという

「クリスマスローズならぜひ厳しい環境の中で育った新潟産を」と佐藤利篤さん。「新潟が生産地としてさらに発展していくよう努力していきたいです」

新潟のクリスマスローズ　ナーセリー⑬

㈱日園（にちえん）

新潟市秋葉区

ハイブリッドのゴールドや八重咲きニガーの品種の固定化幅広い楽しみ方も提案したい

ダブルブラックの丸弁。濃い黒色と玉のような丸型の花弁が特徴

アネモネゴールドタイプ。形の良い丸弁とイエローと言うよりもゴールドと呼ぶのにふさわしい色付き

「うちのクリスマスローズの特徴は、丸弁で、色の固定率と八重咲き率が高いところです」とハウスの中を案内してくれたのは、日園クリスマスローズの若手担当者佐藤利篤さん。色鮮やかなクリスマスローズの中で、日園さんが誇っている鉢はオリジナルのゴールドの品種。イギリスから取り寄せた鮮やかな黄色を交配して、固定化に成功したものです。ほかにもベルギーから取り寄せたニガーの種を交配して、ほかにはないニガーのダブル咲きを作り出し、固定化を確立しています。原種のニガーの育種は新潟県内のナーセリーに依頼しています。

日園さんとクリスマスローズのかかわりは古く、25年前にさかのぼります。当時の担当者が埼玉県の熊谷駅前で、樹木の周りに咲くクリスマスローズを発見。冬に咲く花に興味を持ち、早速大手の種苗会社から数千鉢のオリエンタリスハイブリッドを入手しました。これがクリスマスローズ生産の始まりでした。以降、交配と改良を重ねて、鮮やかな色の花やダブル咲きなど、固定率を高めてきました。

八重咲きニガーの固定化の確立に続いて、現在佐藤さんが最も力を入れているのは、オランダから取り寄せた原種を、花の茎を伸ばす高性タイプと花の形を大きくする大輪タイプに改良することです。また、斑入りの葉などの珍しいタイプや将来は

ダブルピコティースポット。ピコティーの特徴である覆輪と中心のスポットのバランスが良い

ダブルピンクスポット。濃いピンクに花弁全体にくっきりと出ているスポットが鮮やか

ダブルピコティー。純白の花弁に糸のように細いピンク色がはっきりと覆輪に出ていて、コントラストがきれい

ダブルバイカラー。八重の覆輪の濃い紫色のバイカラー。個性的な花色なので、一鉢置いてあると目を引きそう

原種の「オドルス」などと交配させて香りのある品種も作っていきたいとか。クリスマスローズの交配はすぐに結果が出るものでもなく、固定化にも時間がかかりますが、「まかぬ種は生えぬ」という気持ちで、前向きに取り組んでいるといいます。

もともと草花の育種や品種改良は日園さんの得意分野です。白蝶草（ガウラ）やフウリンソウ（カンパニュラ）などの品種改良では、世界的な特許（PBR）を所有するブリーダーでもあることから、クリスマスローズ品種改良の分野でも実力の栽培企業なのです。生産するには実践だけでなく、園芸の歴史や育種学など、植物の基本を学びながら、若者を育てていく組織づくりも大切だといいます。

「クリスマスローズ栽培で重要なことはなんといっても土作りだと思います」と佐藤さん。イギリスではクリスマスローズガーデナーの最初の仕事は、石灰まきといわれています。というのも、自生地である東ヨーロッパ地域は石灰岩の土壌から成り立っていて、クリスマスローズの大多数は遺伝的に、中性土壌を好むからです。日本でもまず、中性土壌を作ることが栽培のポイントだといいます。また、特に日本で育てる場合は水はけも重要とか。水はけが悪いと根が腐る原因になり、特に造成地などでは、土がクリスマスローズに合わないこともあるので、最初に土壌の改良が必要です。

草花の中でもクリスマスローズは、花それぞれに個性があるために、お客様の求めている花もバラエティーに富んでいます。「お客様が次々と新しいものを求める傾向がある分、可能性もやりがいも大きいですよ」と佐藤さん。特に最近はバラやクレマチスなどと相性が合う宿根草としても、人気が高まってきているといいます。「これからは庭づくりの素材としても使えるよう、クリスマスローズの幅広い楽しみ方を提案していきたいですね」。

INFORMATION

株式会社 日園

〒956-0045
新潟市秋葉区子成場707
tel.0250-24-3322 fax.0250-24-6657
ホームページ／http://www.e-nichien.com
Eメール／sato@e-nichien.com
苗の入手方法／
ホームページを見て問い合わせてください
主な栽培品目／
花弁類………ボタン　シャクヤク
宿根草各種…コレオプシス、フロックス、ガウラ
花弁栽培の開始年／1947年

梅長園のハウスの中には、ステルナー、フェチダス、リビダス、アーグティフォリウスなど、楚々とした原種系が咲き誇る。花卉栽培用ハウス12棟のうちクリスマスローズ用は3棟

「クリスマスローズのおかげで、人との出会いが多くなり、ほかの花の栽培にもいい刺激になっています」と鈴木志都夫さん。今後は少量多品種を目指していきたいという

新潟のクリスマスローズ　ナーセリー14

梅長園（ばいちょうえん）

新潟市秋葉区

フェチダスなどの有茎の原種系が7～8割 アザレアで培った栽培技術を使って試行錯誤

オリエンタリスのダブル咲き

特有な色を持つリビダス。普通の原種よりも花付きが良く、実生の翌年には花が咲きます

黄緑の花弁に紅色の縁がかわいらしいフェチダスや、やわらかなサーモンピンクのステルニーなど、原種系が咲き誇る梅長園のビニールハウス。ハイブリッドの圃場のような華やかさはありませんが、凛とした立ち姿が美しい原種系のハウスです。

20年前、アザレアを中心に花卉栽培をしていた梅長園の鈴木志都夫さんが、第2のアザレアを探し求めていたころに出合ったのがクリスマスローズでした。耐寒性があり、大きな設備を必要としないクリスマスローズ栽培に、これまでの花卉栽培で培ってきた技術が使えるのでは、とクリスマスローズの世界に。当初は2年生の苗を購入して、1年生育させて出荷をしていました。出荷先は関東や名古屋方面で、ラベル通りに咲くかどうかわからないほど固定率の低いものだったといいます。

原種系を知ったのが13年ほど前。華やかさはないけれど、立ち上がって咲く姿に魅せられたといいます。それにハイブリッドと組み合わせて、セット単位で出荷できるメリットもあり、原種系を徐々に増やしていきました。

ここまで来るには順調だったわけではありません。有茎の原種系は一見強そうですが、実は夏の高温や湿度に弱く、管理が悪いと枯れやすい性質があります。ある年には3000鉢を枯らしたことも。「涙も出ませんでした。原種系はもうや

ステルニー。リビダスとアーグティフォリウスの交配種。
強い形質を持っているので、庭に植えると、70〜80センチにも成長します

薄く赤みがかったステルニーのつぼみ。花が次々と咲くので長く花を楽しめます

びっしりとスズランのように咲くフェチダス。フェチダスに出合って、有茎種を栽培してみようと思いました

アーグティフォリウスは別名「木立のクリスマスローズ」と呼ばれ、花が終わっても緑が美しいので、庭の下草にも最適です

スポット咲きを目指して交配を繰り返して、できた品種です。さらに完成度の高いスポット咲きを目指します

めようと思いましたね」と当時を振り返る鈴木さん。

クリスマスローズにも人間のような性質の違いがあり、それを把握して管理することが大切であると悟った鈴木さんは、原種系を通気性の良い圃場へ移し、湿気の影響を受けにくいように高い位置に棚を作り、覆いをまめにかけ直してきました。水も自動冠水ではなく、苗の状態を見ながら手で水やりをします。石の上にも3年。試行錯誤の結果、夏は暑く、冬は寒さの厳しい自然環境に適合する苗が育ってきました。努力が実って、現在は原種系が生産の7〜8割に及んでいます。

課題は、出荷するときにほかの品種とのバランスもあり、有茎種の樹形をコンパクトにすることだといいます。矮化剤を使わずに、約40センチの高さを、30センチにとどめておく技術を考案中とか。またハイブリッドのゴールドと交配をして、実生苗から作る試みも進んでいます。

クリスマスローズのおかげで、人との出会いが多くなり、ほかの花卉栽培の大きな刺激になっているという鈴木さん。気持ちが高まってきて、趣味の段階ですが、ゴールドの交配も始めています。「クリスマスローズは庭に植えて茶花にしたり、押し花にしたり、好きになるほど奥が深い花です」。これからの活用法として、鉢植えだけでなく、家庭や公共施設の植え込みの素材としても勧めたい花だといいます。また、クリスマスローズ以外でも、新規の商材を求めて、中国から珍しい花卉の苗を購入しました。「クリスマスローズの交配を契機に、積極的に新しい分野に挑戦するようになりましたね」。

INFORMATION

梅長園

〒956-0043
新潟市秋葉区梅ノ木2647
tel.0250-22-5939　fax.0250-22-8116

苗の入手方法／
花夢里にいつ（生産者番号1）

主な栽培品目／
アカシア、クリスマスローズ、ミヤマキリシマ、ドウダンツツジ、緑化木苗木

花卉栽培の開始年／1970年

「ツツジはどちらかというと男性のファンが多かったのに対して、クリスマスローズは、女性に好まれている花だと聞いています。それはうれしいことです」と喜ぶ樋口さん

出荷前のクリスマスローズ3,000盆がずらり。もう一棟には1年生の苗と親株が生育中。ほかの花弁とは管理方法が異なるので、別にしている

新潟のクリスマスローズ　ナーセリー⑮

樋口芳香園（ひぐちほうこうえん）

新潟県五泉市

まだまだ学ぶ事が多い クリスマスローズ栽培 花を眺めては感激したり 花談義を楽しんだり

温かみのある黒い丸弁花の早咲き系。うちの黒花の中では健康優良児です

ブロッチセミダブル。赤紫のブロッチが濃く入り、白い覆輪花のよう。ブロッチの美しさとラッパ咲きに注目

樋口昭男さんはツツジの世界では「奥早出」「里の春」「花祭り」など20種類の新品種を作り出した実績を持っていますが、クリスマスローズ栽培はまだ6年、地域では後発組だといいます。きっかけは取引先の日園さんから栽培委託の苗を引き受けたことからでした。この時にホワイトピコティーの実物を見て感激し、クリスマスローズの世界に足を踏み入れたといいます。そして幸運にも、当時はまだ珍しかったダブル咲きを15本譲り受け、親木にして栽培を開始しました。委託栽培の中からも珍しい花は親木として残して、増やしていきました。

ダブル咲きを目標に交配していたら、淡いピンクのセミダブルが現れたことがありました。「なんてかわいいのだろう」。樋口さんは今まで想像していなかったその造形美にすっかり魅せられてしまったといいます。

もともと花が好きで花卉栽培を始めたという樋口さん。圃場の花を眺めては、感激したり、ほかの圃場に足を運んでは、花談義を楽しんだり。特にクリスマスローズは花の一つ一つに個性があり、樋口さんの花好きを刺激したようです。

当初は栽培、管理に苦戦したといいます。これまで扱ってきた花卉は春になると活動し始め、夏から秋に収穫して冬は休むというサイクルでした。ところがクリスマスローズは

基部がグリーンの黄色いパーティードレス。小型の八重咲きで、やや下向きに咲くかれんな種。花色が豊かで10株10色の花が咲く

赤紫系覆輪のパーティードレス。暑さに弱いところがありますが、私の好きな花です

カップ咲きのバイカラー。赤紫の濃淡の色合いと優しい花形に引かれました

明るい赤のダブル咲き。花首が強い横向き花。私の目指していた赤が出ました

反対に冬に成長し、夏に休眠するので完全に育種方法を切り替えなければなりませんでした。

それに苗の作り方にもまだ課題が残っているといいます。10月の播種から翌年の秋までの管理次第で、花の付き具合、つまり製品の良しあしが決まります。よい苗は100パーセントが2年で花をつけますが、苗の成長が悪いと花のつき方も半分くらいになってしまいます。昨年（平成21年）は花の付き具合が悪かったので、今年は肥料を2倍にして、花付きを増やしていく予定だといいます。

花卉栽培は一年中忙しいので、忙しさに紛れて、種をとるために花にかぶせる茶袋をかけ忘れて、種が採れないこともありました。また交配時に経歴をメモすることを忘れて、親株が分からなくなったことも。それに交配にはタイミングが大切だといいます。むやみやたらに交配をすればよいというのではなく、花が開いたばかりの若いめしべとその数日後の若いおしべの花粉と交配させるのがベストとか。しかし1つ1つに株を把握することは難しく、クリスマスローズのナーセリーとしてはまだまだ学ぶ事が多いといいます。

一方、シャクナゲは播種から花をつけるまで3年から5年はかかりますがクリスマスローズは2、3年で花をつけるので早く出荷できるメリットがあります。また枯れにくくて病気にも強く、虫もあまり付きません。枯れた葉をまめにとればカビも生えにくく、ほかの花卉よりも育てやすいとか。基本的には丈夫なので一般の家庭で観賞する分にはそう神経質になる必要はないといいます。

INFORMATION

樋口芳香園

〒959-1761
新潟県五泉市本田屋2166
tel.0250-58-5569　fax.0250-58-5721

主な栽培品目／
シャクナゲ、ツバキ、シャクヤク、クリスマスローズ

花卉栽培の開始年／1965年

本間交配の年月を思わせる大きな鉢の親木が多く並ぶハウスの中。本間交配を特徴づける、かわいらしい小輪ちゃんが咲いている

「私は自分が納得いく花にしかタグを付けないようにしています。本間交配をもっと進めてオリジナリティーのあるものを作っていきたいと思っています」と本間正信さん

新潟のクリスマスローズ　ナーセリー⑯

本間花卉園（ほんまかきえん）

新潟市秋葉区

交配始めて13年、「小輪ちゃん」で差別化図る良質で信頼できる本間交配を作っていきたい

ダブルのオレンジアプリコット。つぼみのときは赤オレンジだったのがアンズ色へと変わっていきました。ようやく目指した花ができました

小輪ちゃんタイプ。つぼみの状態がくりくり坊主で、私は「小輪ちゃん」と呼んでいます

1984年、本間正信さんが小合農協青年部でヨーロッパ4カ国の園芸視察に同行した時のこと。オランダのボスコープで1日5～6軒のナーセリーを視察し、疲れ切っていたところに雪に覆われた裏庭でクリスマスローズのニゲルに遭遇しました。「土の表面が凍り始めているのに花が咲いている」。早速、ナーセリーに交渉して1人3株を入手。植物検疫のために根を洗ってから空港に届けてもらいました。日本に帰り、交配をさせて育種。ところがほかの花卉や野菜を育てるように扱ってしまい、3年で消滅したといいます。

1998年に木口一二三さんから「イギリスへ新しい作目と進化したクリスマスローズを見に行かないか」と誘われた本間さん。以前の失敗と、当時日本にあるクリスマスローズの花に内心魅力を感じていなかったので、ほかの珍しい花を目指して出掛けたのでした。イギリス王立園芸協会副会長のロイ・ランカスターさんの案内でブラックソンナーセリーを訪ねたときのこと。そこにはこれまで見たこともないダブルのパーティードレスが咲いていたのです。「イギリスに咲いているのに、なんで日本に見ることができないのだろう！」。居ても立ってもいられずに、赤紫のダブルのパーティードレスや黄色のピコティーなど譲ってもらったといいます。

翌日には、有名なアッシュドナー

小輪でつぼみがまん丸。開花すると花の中心にチョウが羽を広げたようなフラッシュが入ります

原種系で花茎が短くて多花性。株によって花色が緑から黒緑まで幅広くバラエティーに富んでいる

ニガーの母×チベタヌスで生まれたピンクアイスのうち、貴重なひと株

セリーへ。「ごみ一つ落ちていない清潔な環境に、植物を大切にしている印象を得た」と本間さん。ここで見た色鮮やかなクリスマスローズに「これなら真冬でも商品が売れる」と、クリスマスローズへの印象ががらりと変わっていきました。訪れた場所で幾株かを入手し、帰国のスーツケースの中身は、花だけになってしまったといいます。着替えは着られるだけ着こんで、捨ててきました。ここから本間交配がスタートしたのです。

何代か交配をする間に、育種家の好みに差が出てきますが、交配を始めて4世代、本間交配の特徴は、小輪で背が低く、横に広がりのあるクリスマスローズです。名付けて「小輪ちゃん」は、パーティードレスから生まれた花です。丸弁で背が低くて、花が多く咲く多花性。「つぼみも丸くてかわいいんですよ」と本間さんは目を細めます。

開花時期になると、交配のために朝早く起床。交配記録はすべてノートに残し、交配した鉢には、めしべ、おしべの色や形、世代などを記した番号札を立てておきます。「小輪ちゃん」もこうした交配の中から生まれたものです。原種のニゲルとチベタヌスを交配して生まれた「ピンクアイス」も本間交配の一つです。

生産農家にとっては交配と生産の両立は苦労が伴いますが、クリスマスローズ交配には目標を設定する楽しさや珍しい花に出会える喜びがあると言います。

本間さんの次の目標は小型のセミダブル。「ちいさな花びらの部分に模様を入れ、バイカラーやピコティーもできたらいいですね」。レモンイエローなど珍しい花色や小型の明るい赤なども作ってみたいとか。

INFORMATION

本間花卉園

〒956-0045
新潟市秋葉区子成場613
tel.0250-22-9371 fax.0250-22-9615
Eメール／shonma@plum.ocn.ne.jp
苗の入手方法／Studioうもーりー（浜松市）、たんぽぽ（伊豆）、音の葉（東京）、京成バラ園（千葉県）、メルガーデン（新潟県三条市）
本間交配ラベルを目印にお求めください
主な栽培品目／アザレア、スノードロップ、ミヤマスキミア、バルボコジューム、アネモネ（Pavonina）、クリスマスローズなど
花卉栽培の開始年／1964年以前

花弁の乱れがなく、弁と弁の重なりが深くて横向き。大輪で力強くて存在感があります

小輪で丸弁。外側がビロードのような気品のある真っ黒い花

白花弁の中心に濃い赤紫のネクタリー、その周囲には赤紫のフラッシュ、そして花弁の外側ににじんだ赤紫の覆輪。非常に印象深い花です

大輪の横向き、カップ咲き。白い弁に万年筆で書いたような乱れのない覆輪でステムが太いのが特徴

花弁の中心に濃い紫のフラッシュが印象的な静脈咲き。
外側が赤紫で内側が黄色の、よく目立つ画期的な花です

外側が灰色、内側がグリーンの八重咲き。
花弁の重なりが美しい、趣味家が好みそうな花です

コピー　笹川　敏子
デザイン　中山　明（アトリエ野良）
イラスト　荒井　晴美
撮　影　高橋　信幸
写真提供　野々口　稔

〈参考文献〉
別冊NHK趣味の園芸『クリスマスローズのすべて』 日本放送出版協会

プロから学《まな》ぶクリスマスローズ

2010（平成22）年11月15日　初版発行

監　修　木口　一二三
発行者　五十嵐　敏雄
発行所　新潟日報事業社
〒951-8131
新潟市中央区白山浦2-645-54
TEL 025-233-2100　FAX 025-230-1833
http://www.nnj-net.co.jp/
印刷所　島津印刷株式会社

落丁・乱丁本は送料小社負担にてお取り替えします。

ISBN 978-4-86132-427-7